缺陷产品召回管理系列丛书

召回舆情特征分析及应用策略

大数据时代企业应对召回事件处理手册

巫小波　姜肇财　宋　黎　王　琰　孙　宁　等著

中国标准出版社

北　京

图书在版编目 (CIP) 数据

召回舆情特征分析及应用策略：大数据时代企业应对召回事件处理手册 / 巫小波等著.
—北京：中国标准出版社，2019.3
（缺陷产品召回管理系列丛书）
ISBN 978-7-5066-9147-5

Ⅰ.①召… Ⅱ.①巫… Ⅲ.产品质量—质量管理—研究—中国 Ⅳ.①F279.23

中国版本图书馆CIP数据核字（2018）第258195号

出版发行	中国标准出版社	印　刷	中国标准出版社秦皇岛印刷厂
	北京市朝阳区和平里西街甲2号（100029）	版　次	2019年3月第1版　2019年3月第1次印刷
	北京市西城区三里河北街16号（100045）	开　本	880mm × 1230mm　1/32
	总编室：(010) 68533533	印　张	8.25
	发行中心：(010) 51780238	字　数	180千字
	读者服务部：(010) 68523946	书　号	ISBN 978-7-5066-9147-5
网　址	http：//www.spc.net.cn	定　价	48.00元

如有印装差错　由本社发行中心调换

前言

PREFACE

随着信息技术和人类生产生活交汇融合，互联网快速普及，网络舆情已经成为企业和政府部门进行政策法规宣传、消费者教育、产品推广、舆论危机应对等工作中必不可少的研究内容。产品召回遵循市场经济发展规律和国际惯例，与消费者日常出行、工作生活密切相关，是以产品质量问题为导向的事中事后监管方式。截至 2017 年，我国累计汽车召回 1548 次，涉及车辆数量 5674 万辆；消费品召回 1091 次，涉及产品数量 4086 万件。

党的十九大报告指出，我国社会主要矛盾已经转化为人民日益增长的美好生活需要和不平衡不充分的发展之间的矛盾。我国消费者对于产品的需求不再是满足基础的实用性，更是对企业生产产品的品质、服务、安全性、舒适性、企业的社会责任等方面的要求。召回（Recall）作为近年来被广泛提及的一个新词汇，与消费者的投诉抱怨、企业的产品质量、政府对安全的监督管理有着密切的关联，“召回舆情”在当前舆论环境、媒体格局、传播方式都发生深刻变化的背景下，呈现出人人传播、多向传播、海量传播的特征，“召回舆情”已成为质量问题线索、影响社会舆论、促进企业提升产品质量、协同改进社会管理的重要力量。对政府和企业来说，积极关注回应民生热点问题，加强舆情监测和风险预警，进行正面宣传和舆情引导，不断提升产品质量和服务都将是新媒体环境下召回工作的一项重点内容。

本书从政府和企业应对产品召回相关舆论危机角度入手，详细阐述了召回舆情的监测方法和传播特征分析，并通过召回舆情在信息分析中的应用、典型召回舆情案例等内容，全面解读舆情发展全过程中的负面舆情传播特点、危机应对策略及应对效果对比等，以期能够帮助读者了解缺陷产品召回、召回舆情的内涵、传播特征、分析方法，提高企业危机舆情的应对意识和媒体对话能力。

本书以原国家质量监督检验检疫总局科技计划项目《基于缺陷汽车产品故障表现的互联网影响力评价研究》（项目编号：2017QK098）和中国标准化研究院院长基金项目《基于缺陷汽车产品故障表现的互联网影响力评价研究》（项目编号：282016Y-4502）的具体研究成果为基础，适用于从事汽车、消费品安全管理方面的政府、媒体和企业管理人员，可以为召回舆情信息的采集、分析和应用提供借鉴指导。

在本书的写作过程中，王慧萍、田晶晶、徐思红、魏玖长、于丽娟、段岩峰参与了相关章节的编写工作，并为全书校对和审核做了大量工作，在此表示谢意。

巫小波

2018 年 9 月

目录

CONTENTS

第一章

绪论

CHAPTER1

第一节 缺陷产品召回

一、缺陷产品召回概述

我国《缺陷汽车产品召回管理条例》和《缺陷消费品召回管理办法》对缺陷有明确的定义，它是指由于设计、制造、标识等原因导致的在同一批次、型号或者类别的产品中普遍存在的不符合保障人身、财产安全的国家标准、行业标准的情形或者其他危及人身、财产安全的不合理的危险。

缺陷产品召回（Recall）制度起源于美国。实践证明，缺陷产品召回制度可以有效避免产品自身问题造成的安全和污染事故，有利于保护消费者的合法权益和规范市场交易秩序。随着国际贸易的发展和改革开放以来我国商品经济的发达，我国市场上流通的产品种类日益丰富，企业间竞争也日益激烈。为了取得市场竞争的优势，企业的普遍做法是加快新产品研发速度，缩短新产品上市时间，这就不可避免地会增加新产品出现缺陷的可能性。缺陷产品召回制度正是解决这一问题的有效措施，近年来受到广泛社会关注。本书中提到的缺陷产品召回主要涉及汽车产品和消费品的召回。

1. 缺陷汽车产品召回

汽车产业是经济发展的支柱产业。目前，我国已经是世界汽车第一大产销国，汽车产品质量与安全水平和消费者人身财产安全息息相关。缺陷汽车产品召回是政府对汽车产品质量与安全问题进行事中事后监管的重要措施，是保障汽车消费者权益、促进汽车产业健康快速发展的重要手段。早在20世纪60年代美国政府就开始实行缺陷汽车产品召回制度，并逐渐扩展到消费品安全领域，其他国家也纷纷效仿建立了自己的缺陷产品召回制度。2004年，原国家质检总局、国家发改委、商务部、海关总署等四部委联合发布的《缺陷汽车产品召回管理规定》，标志着我国开始实行缺陷汽车产品召回制度。2012年10月，国务院发布《缺陷汽车产品召回管理条例》，该条例进一步明确了召回程序、完善了监管措施。

随着缺陷汽车产品召回制度的不断完善以及消费者对汽车产品质量安全问题越来越重视，近年来我国缺陷汽车产品召回工作取得了快速发展。2004年至2017年，我国已实施汽车召回1548次，共召回5674万辆，历年来的召回情况如图1-1所示。其中，受原国家质检总局缺陷调查影响的召回共307次，涉及数量3302万辆，占召回总数的58%。通过缺陷汽车召回为社会挽回的直接经济损失超过200亿元人民币。

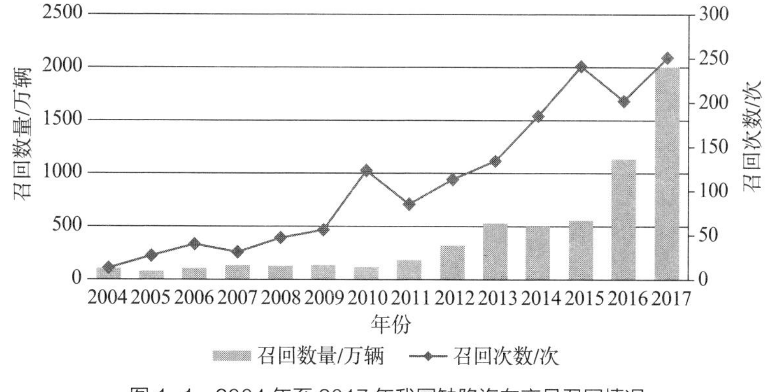

图1-1　2004年至2017年我国缺陷汽车产品召回情况

2. 缺陷消费品召回

随着现代科技与社会经济的快速发展，产品技术构成日益复杂，产品种类不断丰富，极大改善了人们的物质生活。然而，因产品缺陷或使用问题导致的危及消费者人身、财产安全的产品伤害也日渐增多。因此，原国家质检总局 2016 年 1 月 1 日起正式实施了《缺陷消费品召回管理办法》，明确规定了生产者是缺陷消费品的召回主体，对实施召回的缺陷消费品，生产者应及时采取修正或者补充标识、修理、更换、退货等措施，及时消除缺陷或降低、消除安全风险，并承担消除缺陷的费用。产品进口商是进口消费品召回的第一责任人，与国内消费品生产者负有同等义务。

2008 年至 2017 年，我国共实施缺陷消费品召回 1091 次，涉及消费品 4086 万件，历年来的召回情况如图 1-2 所示。通过缺陷消费品召回最大限度地保障了消费者的人身和财产安全。

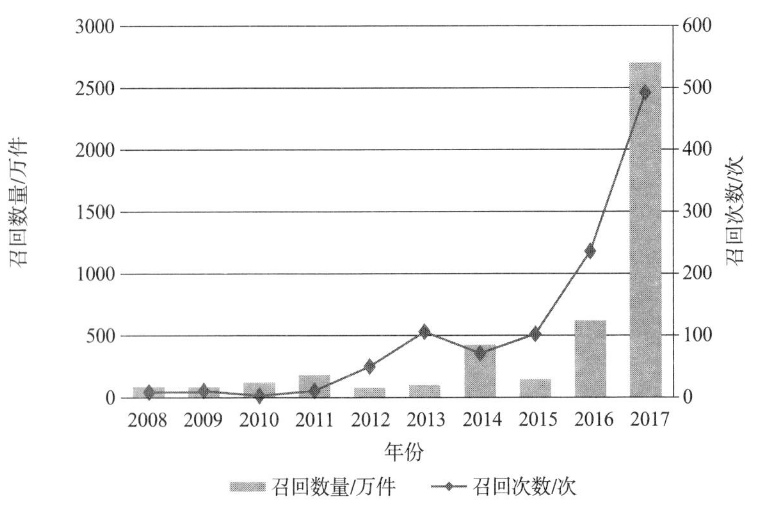

图 1-2　2008 年至 2017 年我国缺陷消费品召回情况

二、我国缺陷汽车产品召回情况

1. 缺陷汽车产品召回总成分布

以 2004 年至 2017 年我国缺陷汽车产品召回的数据为基础，分析导致汽车缺陷的各种因素，可以看出缺陷产生的基本情况。在召回共计 1548 次，约 5674 万辆缺陷汽车中，由各类总成导致的缺陷汽车产品召回次数和召回数量分布分别如图 1-3 和图 1-4 所示。其中，气囊和安全带 279 次，2146 万辆；发动机 347 次，1461 万辆；电气设备 228 次，499 万辆；车身 208 次，421 万辆；转向系 112 次，339 万辆；制动系 148 次，320 万辆；传动系 116 次，315 万辆；悬架系 40 次，157 万辆；轮胎和车轮 51 次，15 万辆；附加设备 19 次，1 万辆。

气囊和安全带问题导致的汽车召回数量排名第一，主要是由于高田气囊安全问题引发的全球性召回，截至 2017 年年底，我国因该问题引发的缺陷汽车产品召回共涉及 1952 万辆，占气囊和安全带总成的 91%。

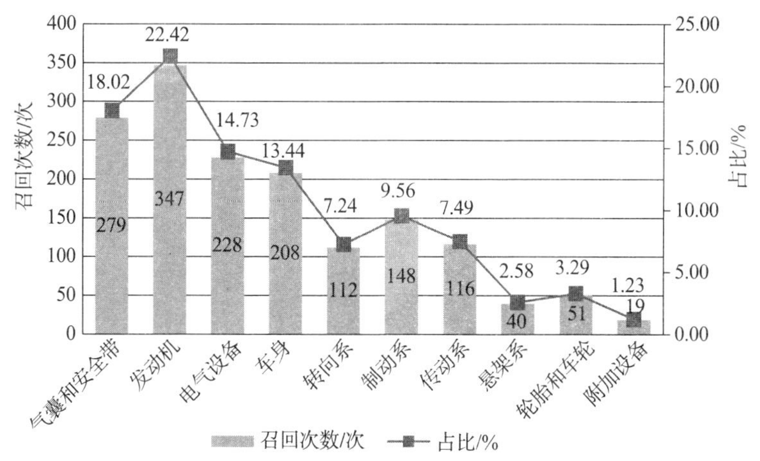

图 1-3　2004 年至 2017 年因总成导致的缺陷汽车产品召回次数分布

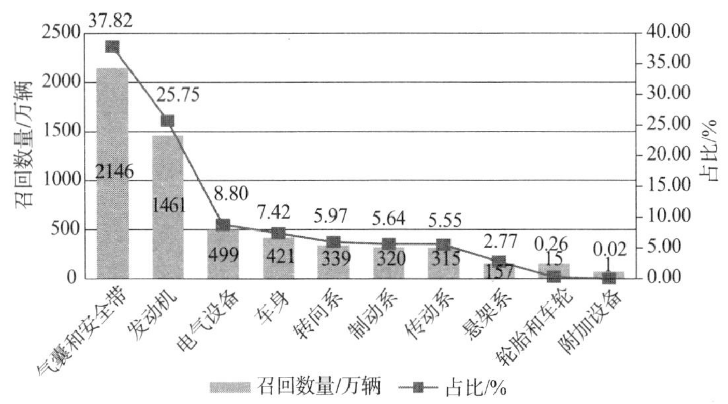

图 1-4 2004 年至 2017 年因总成导致的缺陷汽车产品召回数量分布

2. 缺陷汽车产品品牌属性分布

2004 年至 2017 年缺陷汽车产品按品牌属性分布召回的汽车次数及数量分别如图 1-5 和图 1-6 所示。国产品牌汽车召回 713 次[①]，涉及 5028 万辆（其中，自主品牌召回 291 次，涉及 480 万辆；合资品牌召回 426 次，涉及 4548 万辆）；进口品牌汽车召回 835 次，涉及 646 万辆。

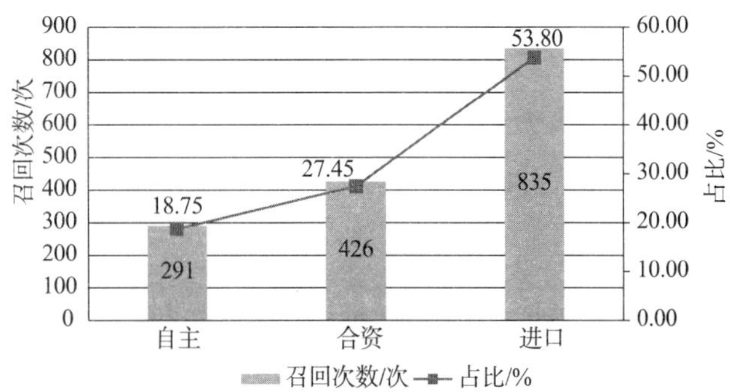

图 1-5 2004 年至 2017 年自主、合资和进口汽车召回次数分布

① 召回统计以缺陷为计数依据，在一次召回中可能会出现某国产品牌企业召回同一缺陷问题的车辆即涉及其旗下自主品牌也包括合资品牌，因此自主与合资的召回次数合计大于国产品牌召回次数。

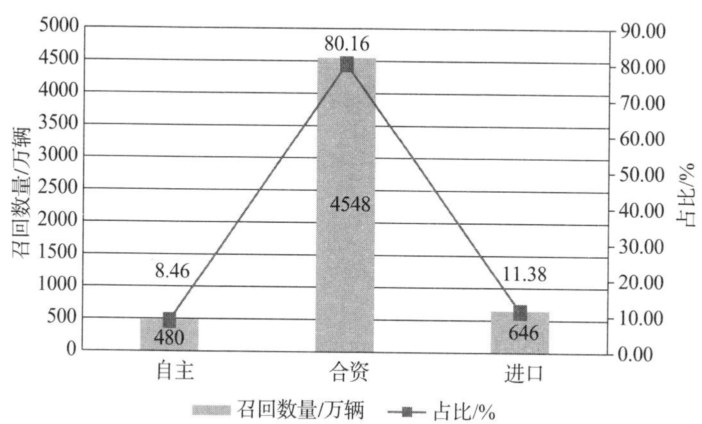

图 1-6　2004 年至 2017 年自主、合资和进口汽车召回数量分布

3. 缺陷汽车产品召回责任主体分布

2004 年至 2017 年共有 234 家汽车生产者实施了缺陷汽车产品召回，其中，召回次数和召回数量在前 10 位的生产者如图 1-7 和图 1-8 所示。

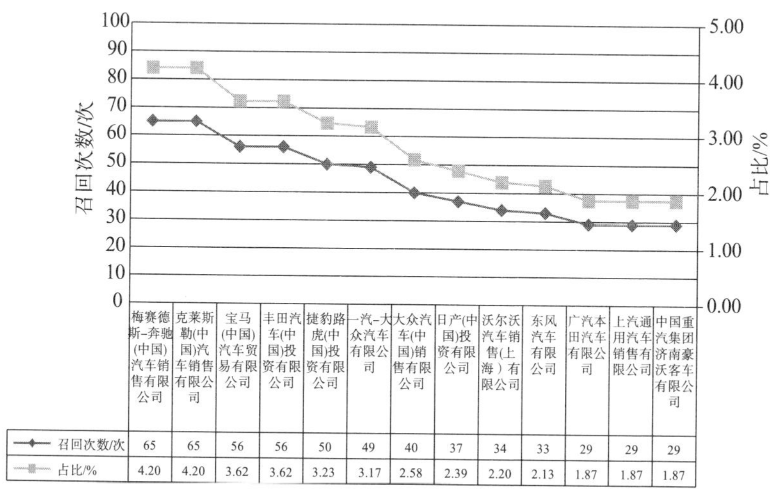

	梅赛德斯-奔驰(中国)汽车销售有限公司	克莱斯勒(中国)汽车销售有限公司	宝马(中国)汽车贸易有限公司	丰田汽车(中国)投资有限公司	捷豹路虎(中国)投资有限公司	一汽-大众汽车有限公司	大众汽车(中国)销售有限公司	日产(中国)投资有限公司	沃尔沃汽车销售(上海)有限公司	东风汽车有限公司	广汽本田汽车有限公司	上汽通用汽车销售有限公司	中国重汽集团济南豪沃客车有限公司
召回次数/次	65	65	56	56	50	49	40	37	34	33	29	29	29
占比/%	4.20	4.20	3.62	3.62	3.23	3.17	2.58	2.39	2.20	2.13	1.87	1.87	1.87

图 1-7　2004 年至 2017 年召回次数前 10 位的生产者

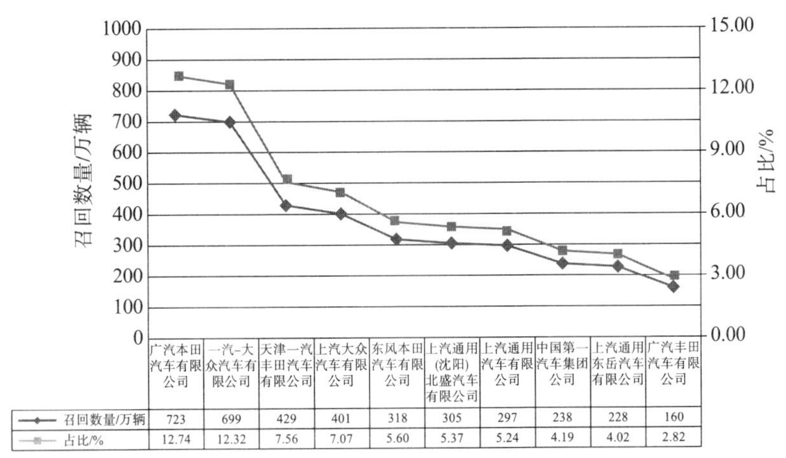

	广汽本田汽车有限公司	一汽-大众汽车有限公司	天津一汽丰田汽车有限公司	上汽大众汽车有限公司	东风本田汽车有限公司	上汽通用（沈阳）北盛汽车有限公司	上汽通用汽车有限公司	中国第一汽车集团公司	上汽通用东岳汽车有限公司	广汽丰田汽车有限公司
召回数量/万辆	723	699	429	401	318	305	297	238	228	160
占比/%	12.74	12.32	7.56	7.07	5.60	5.37	5.24	4.19	4.02	2.82

图 1-8　2004 年至 2017 年召回数量前 10 位的生产者

4. 受调查影响缺陷汽车产品召回情况

2004 年至 2017 年我国开展的 1548 次缺陷汽车产品召回中，生产者主动召回共计 1237 次，涉及数量 2361 万辆，占全部召回车辆数量的 42%；受缺陷汽车产品召回管理部门缺陷调查引发的召回共计 311 次，涉及数量 3313 万辆，占全部召回车辆数量的 58%，如图 1-9 所示。

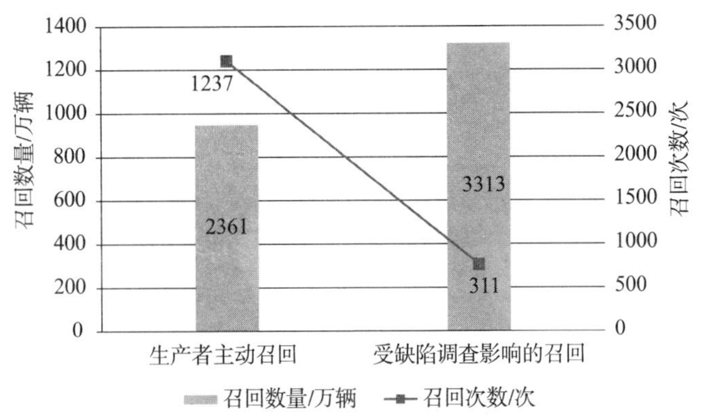

图 1-9　2004 年至 2017 年受缺陷调查影响召回情况

三、我国缺陷消费品召回情况

根据 2016 年 1 月 1 日起施行的《缺陷消费品召回管理办法》相关规定，缺陷消费品召回范围由过去的儿童玩具和电气电器两类扩展到现在的儿童玩具及用品、电子电器、家具、家用日用品、其他交通运输设备、日用纺织品和服装、食品相关产品、文教体用用品、五金建材和其他产品等 10 大类产品。

1. 缺陷消费品召回总体情况

2008 年至 2017 年我国共实施缺陷消费品召回 1091 次，共计约 4086 万件。缺陷消费品按照产品类型召回次数和召回数量的分布如图 1-10 和图 1-11 所示。其中，电子电器产品 225 次，1823 万件；食品相关产品 24 次，1589 万件；其他交通运输设备 33 次，282 万件；家具产品 9 次，169 万件；儿童玩具及用品 737 次，137 万件；家用日用品 15 次，78 万件；文教体育用品 15 次，6.6 万件；日用纺织品和服装 14 次，0.46 万件；五金建材产品 13 次，0.42 万件；其他产品 6 次，0.15 万件。

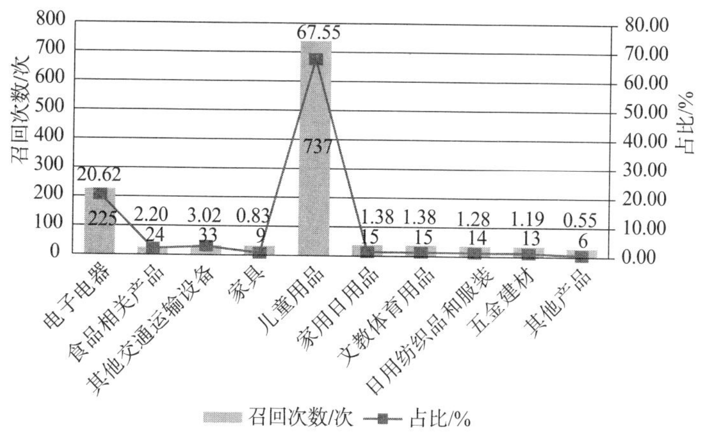

图 1-10　2008 年至 2017 年缺陷消费品召回次数分布

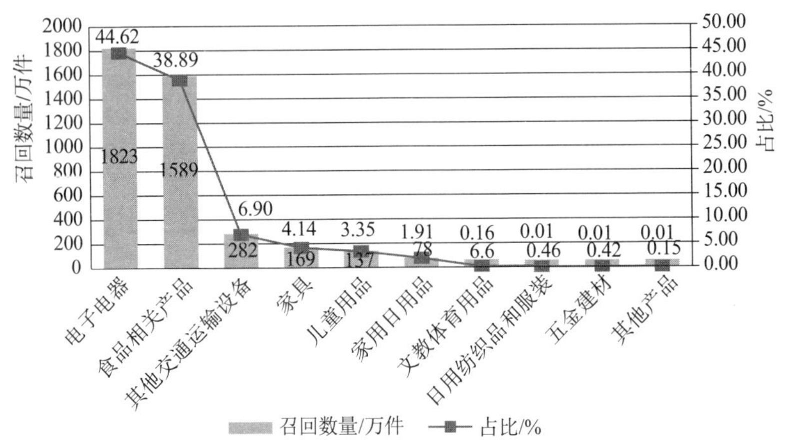

图 1-11　2008 年至 2017 年缺陷消费品召回数量分布

2. 缺陷消费品品牌属性分布情况

2008 年至 2017 年缺陷消费品按品牌属性召回数量和召回次数的分布如图 1-12 所示。其中，国产消费品召回 997 次，涉及 3851 万件；进口消费品召回 94 次，涉及 235 万件。

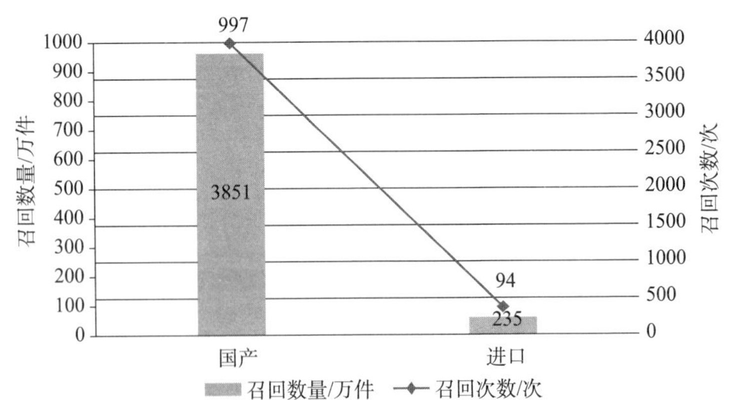

图 1-12　2008 年至 2017 年国产和进口缺陷消费品召回分布

3. 缺陷消费品召回责任主体区域分布

2008 年至 2017 年我国共有 19 个省市的产品生产者开展了缺陷消费品召回，其中，召回次数和召回数量在前 10 位的生产者如图 1-13 和图 1-14 所示。

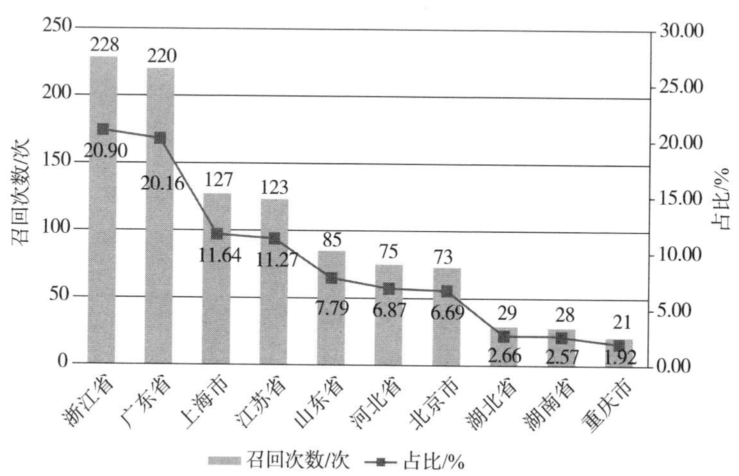

图 1-13 2008 年至 2017 年缺陷消费品召回次数前 10 位的区域分布

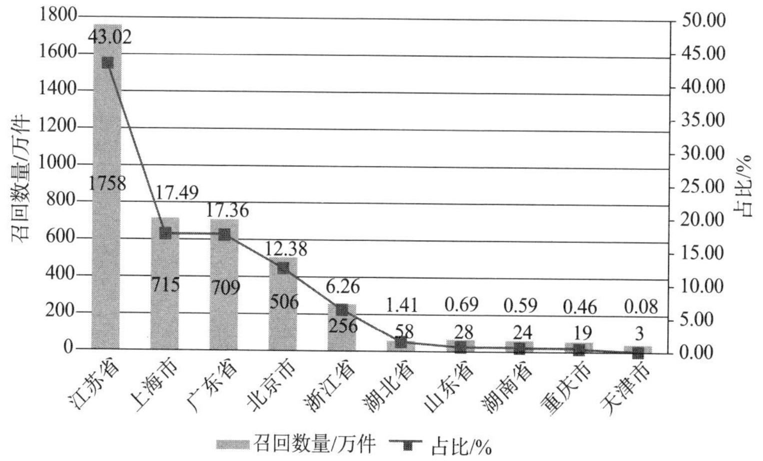

图 1-14 2008 年至 2017 年缺陷消费品召回数量前 10 位的区域分布

4. 受调查影响缺陷消费品召回情况

2008 年至 2017 年我国开展的 1091 次缺陷消费品召回中，受缺陷消费品召回管理部门调查引起的召回共计 952 次，涉及消费品 3057 万件，占全部召回消费品总数的 75%，如图 1-15 所示。

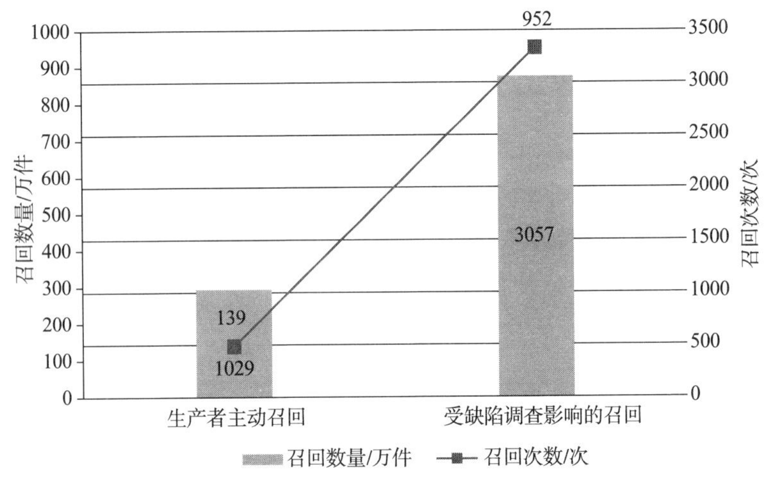

图 1-15　2008 年至 2017 年受缺陷调查影响的召回情况

四、召回中各方的职责范围

缺陷产品召回是国家质量安全监督管理部门开展产品质量安全监管的重要措施，质量监督管理部门、产品生产者以及消费者等参与者均应承担相应的责任和义务。

1. 质量安全监督管理部门

质量安全监督管理部门应通过多种渠道收集产品质量安全信息，可包括但不限于：

（1）面向消费者的缺陷信息报告平台采集的缺陷报告信息；

（2）产品质量监督部门监督抽查信息；

（3）产品质量检验机构的检验信息；

（4）生产经营企业的风险报告信息；

（5）网络媒体舆情信息；

（6）国外发布的缺陷产品召回信息；

（7）其他政府部门通报信息。

质量安全监督管理部门应基于多种渠道收集产品质量安全信息，开展以下相关工作：

（1）审核信息是否完整、准确，反馈给生产者进行处理并对生产者的分析结果进行评估；

（2）对产品质量安全信息进行关联分析，及时准确发现产品疑似缺陷信息；

（3）联合生产者开展疑似产品缺陷调查，对明确存在缺陷的产品实施召回；

（4）面向社会公众发布缺陷产品召回公告、发布召回预警；

（5）存储缺陷产品信息，面向社会公众检索和使用；

（6）对缺陷产品召回效果进行监管，确保及时消除安全隐患。

2. 产品生产者

产品生产者对缺陷产品召回承担主体责任，在缺陷产品召回过程中承担责任：

（1）处理分析质量安全监督管理部门转交缺陷信息报告；

（2）配合质量监督管理部门开展疑似产品缺陷调查分析；

（3）对确定存在缺陷的产品主动实施缺陷产品召回工作；

（4）召回发布后需及时通知车主、备件、消除安全隐患。

3. 消费者

消费者在缺陷产品召回过程中的主要职责有：

（1）向质量安全监督管理部门提交产品质量安全信息；

（2）配合产品生产者与质量安全管理部门开展缺陷调查；

（3）配合产品生产者开展召回，及时消除安全隐患。

第二节 舆情发展现状

一、舆情的概念及特征

1. 舆情概念

舆情自古既有，根据中国历史文献记载，“舆”字的基本含义是“众”。“舆者，众也”（《左传·僖公二十八年》），“舆情”一词最早出现在唐朝诗人李中的《献乔侍郎》一诗中：“格论思名士，舆情渴直臣。”唐代以后，舆情的概念被继续使用，到了清代使用更为广泛。目前为止，关于舆情的概念，尚无统一定论。依据词条检索，在百度百科中解释的舆情是“舆论情况”的简称，是指在一定的社会空间内，围绕中介性社会事件的发生、发展和变化，作为主体的民众对作为客体的社会管理者、企业、个人及其他各类组织及其政治、社会、道德等方面的取向产生和持有的社会态度。它是较多群众关于社会中各种现象、问题所表达的信念、态度、意见和情绪等等表现的总和。学术界得到较多认可的有天津社会科学院刘毅给出的关于舆情的概念。刘毅认为，舆情就是由特定个人及团体对自己关注的、利益相关的公共事务，在特定的时空范围和社会历史文化条件下给出的多种情绪、意见和态度意愿的总和。本书涉及舆情的分析认同于刘毅的定义方式。

2. 网络舆情概念

随着互联网技术的快速发展和普及，曾经被称为“虚拟世界”的网络已成为大众生活的重要组成部分，公众在网络这个“虚拟世界”上进行信息交互和传播，观点和态度表述等已经不少于现实中的意见交流；在“互联网 +”的背景下，无论是公共领域，还是专业领域，关于某事件的分享、探讨已经变得越来越容易。这使得人人都可以成为新闻发言人，而这些互联网痕迹成为网络舆情的最主要组成部分。

网络舆情就是网民借助于互联网技术，通过网络媒体，将自己对社会问题或事件所持有的多种情绪、态度、意见等进行表达，进而在网民间得以传播、互动，产生一定社会影响力的集合体。借助于网络技术，网民参政的广度和深度迅速加强，网络言论的活跃度已达到前所未有的程度，突发的公共事件在网络媒介下可能得到聚集、引爆、放大，不断推动着突发事件网络舆情的演变，这对社会政治、经济生活以及相关主体的影响日益突出，网络舆情已成为反映社会事件演进的风向标。

3. 网络舆情特征

网络打破了时间与空间的限制，网民可以按照自己的意愿寻找需要的信息，也可以借助自媒体针对自己所关心、所感兴趣的或是所见所闻，随意、随时、随地发表自己的观点和认识，或转发、评价别人的言论，这种实时更新功能使得网络舆论可以最快速度的传播。新闻事件在网络上一旦成为关注焦点，将会迅速成为舆论热点，对于突发的公共事件来说，极有可能形成大规模、强力度的网络舆情。网络还具有身份隐匿的特性，网民在网络上的角色与现实生活可能不同，较少地受到时间、空间、身份、法律、道德、社会管理等因素影响，可立即尽情的或无约束地表达自己的态度、情绪和观点。这就使得网络舆论可能出现多种文化类型、思想意识、价值观念、生活准则、道德规范，有积极健康的，也有庸俗和灰色的，内容上有国事纵谈，思想交流，关注民生，无聊琐事。这些无限制、无边界、即时交互、虚拟化等网络特点，使得突发的公共事件在网络上的传播必然形成快速性、无界性、即时性、价值多元化、利益诉求多元化等特征的网络舆情。

4. 网络舆情主要传播平台

我国网络舆论于 2000 年开始发端，但由于当时网络技术及电脑普及程度的限制，网络舆论对社会生活并没有产生较大影响。随着网络技术进入 Web2.0 时代，各种自媒体得到了快速的普及，这为网民发布信息、表达意见、展开讨论提供了广阔的空间。网民可以根据自己的立场和见解，发出自己的声音，展示自己的观点，发布独家新闻；可以参政议政、献计献策；还可以在网络上号召某种社会行动。网络舆情传播平台主要有新闻评论、博客、微博、BBS 论坛、播客、聚合新闻（RSS）、贴吧、新闻跟帖及转帖、微信等形式。这些平台实现了文字、图片、声音、图像、链接等传播符号和手段的有机结合。我国这些虚拟空间的发达程度，与世界发达国家相比也毫不逊色。

新闻评论是通过收集其他媒体信息为网民提供查阅、收藏、转发、评论、咨询等服务的平台，内容包括时事、财经、体育、娱乐各类评论分析文章。博客是网民借助软件或网站，不定期出版、发表和张贴个人文章，供网民阅读、互动、传播。微博是博客的一种，是通过关注机制分享简短实时信息的广播式社交网络平台，与博客相比，微博更具时效性和随意性，更能表达出网民每时每刻的思想和最新动态。BBS 论坛以文字为主，用户可以在上面书写，发布信息或提出看法，很多教育机构、研究机构或商业机构都开设了 BBS 论坛。播客是数字广播的一种，网民可随身收听，也可自己制作声音节目分享给网友。聚合新闻（RSS）是在线共享内容的一种简易方式，通常网站将时效性比较强的内容以 RSS 输出，网民可以在客户端更快速获取、阅读网站的内容。贴吧是一种基于关键词的主题交流社区，它与搜索紧密结合，可以准确把握用户需求。新闻跟帖是指在已发表的新闻或帖子后面，网民发表的意见，也称回帖，通常跟帖表达了网民对新闻及帖子内容和观点的认可或反对，是舆情分析中重要的网民情感判断依据。微信提供了即时通讯服务，支持跨通信运营商、跨操作系统平台，用户可以共享流媒体内容，可以使用各种插件开展社交活动，与博客、微博相比，微信提供了全封闭、半封闭和完全开放的交流方式，网民可以更灵活、更随性地选择分享机制，其用户数量远高于其他平台，是目前国内最大的移动社交应用媒体。

二、网络舆情发展情况

1. 网络舆情影响因素

网民是网络舆情形成的一个重要因素。网民个体在网络上发布诉求，目的是想通过网络的快速传播，引起政府相关部门的重视，使所诉求的问题能够得以快速解决。网民的诉求一旦被传播，就会形成舆情热点。对于普遍存在的社会问题、共同积淀的社会情绪、网民对社会现状的不满、被长期压抑的对阶层差异的愤慨情绪、现有价值观遭到冲击，以及期待相关事件得到妥善解决及追求事件真相的态度，都会导致突发事件网络舆情的爆发。有些突发事件，网民可能并不真正了解事件的起因与真相，而是受群体心理的影响，其舆情表达可能发生变化甚至扭曲，导致网络信息良莠不齐，最终出现舆论危机。因此网络舆情发展及其走向往往取决于网民的总体规模、社会层次、信息素养、年龄、经济文化层次、价值取向、利益差距、道德水准等因素。

政府是网络舆情形成的另一个重要因素。当舆情事件发生时，由于网络信息体量巨大，个体诉求信息可能被覆盖隐匿，增加了政府的监管难度，对于未经核实的个体诉求信息可能被无端放大、转载，从而产生不良社会影响，当网民广泛参与个体诉求信息的监管调查时，如果政府职能部门处置不妥，很容易引发社会对政府的信任危机。反之，如果诉求信息被政府监测部门发现后，第一时间对诉求信息作出研判，转达相关职能部门核实情况，确定诉求信息的合法性和合理性，跟踪、观察信息本身是否存在被炒作或导向不良，并在诉求信息后进行及时的跟帖引导，以便发帖人与围观网民知晓事件正在处置之中，待有关职能部门调查清楚事件，再次将处置结果回复于诉求贴文。这些措施反映了政府的公信力、政府的执政理念与执政处置方式，都会对舆情的形成与发展产生影响。政府公信力越高，民众对政府就越信任，政府应对突发事件越迅速，处理能力越强，舆情传播就越能朝着公开、公正、理性的方向发展。

媒体也是网络舆情形成的重要因素。媒体的议程设置与刻意报道会加剧网络舆情的发展。媒体设置议题的内容包括事件本身情况、事件原因、事件应对与处理、善后处理与受害者意见。媒体如何顺应新闻规律，运用传播技巧，使公众认同媒体报道所塑造的舆论环境，掌握事件舆情的主导权，这些方面也会影响网络舆情发展的方向。例如，当突发舆情事件发生后，经由媒体第一时间内、客观理性的报道后，事件的影响力就不至于上升太大的量级，但舆论会对相关部门施加压力，引发网民广泛参与，从而促进社会综合治理能力提高，进而使得舆情事件得以迅速平息。

2. 我国网络舆情发展

我国于 1994 年全面接入互联网，随后的二十多年，网络全面而且深刻地渗入到人们的政治、经济、文化生活等各个方面，成为新闻传播活动重要的手段和方式。CNNIC 数据显示，2002 年上网用户总数达到 4580 万人，BBS 论坛已经建立，网络社区初步形成，网络舆情迅速发展，舆情事件时有发生。2003 年网络舆论蓬勃发展，一系列重大事件，让人们感受到了网络舆论对社会政治、生活所产生的重要影响，也开始引起政府对舆情监测和引导工作的重视，舆情监测上升为各级党政部门的一项重要工作。2004 年舆情工作进入党中央全会工作报告，中共十六届四中全会报告中指出，要高度重视互联网等新型媒体对社会舆论的影响。一些舆情作为社情民意进入了决策程序，成为政府决策的重要参考依据。

进入 Web2.0 时代，国内的互联网舆论平台逐渐发达起来，几乎所有门户网站都开设 BBS 论坛，出现了博客、RSS、P2P、社交网平台，网民数量急剧增长，2006 年网民注册的博客空间达 3375 万个。网络舆情激增，出现大量舆情热点，并出现舆论的“意见领袖”。互联网已经成为社会各阶层利益表达、情感宣泄、思想碰撞的重要舆论渠道。2010 年进入微博时代，同时互联网普及率不断攀升，网络舆论达到空前繁荣。2011 年出现微信移动社交平台，2016 年随着微信平台微程序的不断完善和升级，微信与微博一同成为舆情生成的主渠道。

一些重大事件的网络舆情直接推动政府执政方式的改革与创新，执政效率及效果也极大地提高了政府的公信力。孙志刚案最终废止了《城市流浪乞讨人员收容遣送办法》和收容制度；刘涌案促进了司法制度的改革；佘祥林案直接推动死刑案件的审判程序改革，死刑核准权统一收归最高人民法院。汶川地震事件中，政府与广大民众的沟通模式发生了变化，政府积极利用网络媒体，采取全面、迅速、坦诚的信息公开制度，使人们统一了认识，稳定了民心，促进了社会和谐；躲猫猫事件中，政府相关部门反应迅速，在第一时间做出有效回应，邀请网民参与官方调查，引入公众对社会的监督；2011 年动车追尾事件中，通过移动和网络技术改变了社会舆情的生成机制与管理机制，意见领袖作用在舆情生发机制中越来越凸显，网络舆情的管理也日益复杂。

2008年后，网络舆论也得到国家领导人重视。习近平总书记指出，新闻舆论工作各方面、各环节都要坚持正确舆论导向；在网络安全方面要坚持政策引导和依法管理并举，加快网络立法进程，完善依法监管措施，化解网络风险。2016年国办文件要求把政务微博、政务微信和政府客户端作为政务公开的标配。要建立健全政务舆情收集、研判、处置和回应机制，在社会热点事件不失声、不缺位；对特别重大、重大突发事件的政务舆情，要快速反应，并在规定时间内发布权威信息或举行新闻发布会。当前，政府各部门对网络舆情高度重视、积极回应，网络言论得到开放，管理水平逐步提升，网络已成为政府治国理政、了解社情民意的新平台。

3. 网络舆情现阶段特点

据中国互联网信息中心（CNNIC）统计，截至2017年12月我国网民规模已达7.72亿，互联网普及率为55.8%，网民数量呈现快速递增趋势。蚁坊软件2017年舆情分析和搜狐科技2018年上半年舆情分析显示，时事政治、民生权益、教育舆情、公共安全、医疗卫生、国际交流等成为近两年来我国网络舆情的主要热点，总体上呈现唱响主旋律、传播正能量的网络舆论生态特征。

政府部门加大了对重大会议、重大政治事件的宣传力度，成为舆论关注的焦点。一些重大政治活动、民生权益及政策法规都得到了广大网民的持续关注，如中国共产党第十九次全国代表大会、全国两会、“一带一路”高峰论坛等。涉及政策经济的社会热点话题不断增加，舆情热度上涨明显，围绕习近平总书记新时代中国特色社会主义思想的各项社会工作开始取得实际成效。宪法修改、深化国家监察体制改革、全面深化党和国家机构改革等不断推高网民的民族自信心，汇聚强大力量。国际交流彰显我国大国魅力，如青岛上合峰会、亚洲博鳌论坛全面展现中国经济发展和科技创新实力，由中国主导的国际峰会获得境内外舆论高度赞誉，认为这两次高级别的国际会议是“一带一路”倡议的具体实践。舆论热议“习莫会”“金特会”“韩朝会晤”等重大国际会议背后的中国身影，高度肯定中国为促进世界和平与发展所作的努力。中美贸易战蔓延到多个领域，不仅是在中国，与美国关系密切的亚太地区和欧洲国家，也引发强烈反响。相关衍生话题不断涌现，“中兴危机”暴露中国核心技术缺失短板、“联想 5G 投票”显露爱国主义泛化的激进思潮。

弱势群体的生活状态仍是社会关注的焦点。如山东聊城辱母杀人案等事件一经曝出立刻引起网民热议。随着网民生活水平和维权意识的提高，合法保护、道德尊重、人文关怀等字眼逐渐成为舆论聚焦点。网民认为相关法律法规急需完善，法律应起到维护社会秩序、捍卫公平公正的作用。学生群体舆情事件频发，其中校园安全事故占有较大比重，一些以学校为责任方的事件中，其在回应与应对方面明显缺乏经验与方法，时常导致舆论的不可控。比如，在四川泸县中学生死亡事件中，因学校没及时查明死亡原因并及时说明与举证，导致事件舆情偏离真实情形，对社会安定造成了极大负面影响。

北京及江苏、浙江等东部地区是舆情高发地。这些地区经济实力、产业能力较强，外来人口多，网民基数大，对社会性公共事务有较高热情，使社会矛盾与舆情事件曝光率高。微博平台依然位居舆情发源的第一平台，新闻网站、电视媒体，位居舆情源头的第二、三位，其中，政府官网、媒体报道具有不可忽视的专业性与权威性。

短视频平台异军突起，汇聚超高人气，日渐成为“两微一端”后舆论场的传播新内核，成为多个舆情事件的始发地，其庞大用户量和可观流量使得此类短视频平台进入主流视野，吸引政府、国企和官媒入驻。另外，直播和短视频产业与网红经济高度结合，促使消费主义和拜金主义等不良思潮抬头，有个别直播平台为博眼球，播放内容极端，冲击人们的价值观与舆论观，污染网络空间。

企业类舆情事件也频频登上各大网站和社交媒体头条，百度、滴滴、京东、今日头条、腾讯、美团等企业先后引发网络关注，反映出互联网企业自身管理还存在一些问题，而行业市场的秩序规范也迫在眉睫。多家互联网企业遭遇舆情阻击，影响到的不仅是企业本身，更是其覆盖的亿级用户。一些负面舆情如京东售假、爱奇艺招聘等涟漪效应显著；联想 5G 投票事件和中兴危机导致负面舆情效应叠加；药企污水偷排湘江等环境污染事件再次刺激民众敏感神经，舆论呼吁严惩破坏环境的违法违规行为，加强监管共建美好家园。

三、网络舆情对企业的重要性

1. 网络舆情对企业的影响

随着网络技术尤其是智能手机、移动互联网络的发展，网络媒体的流行，消费者能够轻松地发表自己对企业产品、服务等方面的相关话题，以极快的速度在网络中传播。有关企业的话题在互联网中进行传播，得到了同领域内网友们的关注和转发，传播的过程中承载着消费者、媒体对企业产品、形象、服务的认知、态度和情感，这些行为的总和最终形成了企业网络舆情。

企业网络舆情影响着企业形象和企业自身发展，通常有积极和消极两个方面的影响。积极的网络舆情是指网络传播的是以企业正面良好的信息为主流，这些正面信息在网络平台中对企业起到了良好的宣传效果。比如，企业广告的投放和企业正面良好的活动信息在网络上传播，引发受众消费者以及媒体对企业形象和产品好感的认知态度，这种积极的网络舆情效果往往是众多企业所愿意看到的现象。消极的网络舆情是指不利于企业的网络舆情在网络中传播。与积极的网络舆情相比，消极的网络舆情传播影响面可能更加广泛，传播更加迅猛或突发，应该引起企业的更多关注和高度重视，特别是在网络舆情形成之初，如果企业没有及时面对和关注，伴随着网络传播最终会给企业带来很大的负面影响。

（1）网络舆情对企业的积极影响案例。2017年，阿里巴巴、京东等互联网企业试水信用租房市场，得到网民的广泛点赞。据新华网舆情分析，对这一事件的正面舆情情感占78%。多数网民认为免押金的租房方式能减轻租房者的经济压力，信用租房也能更好地保障租客与房东双方的权益，表示愿意尝试这种租赁方式。租房需求旺盛的东南沿海舆情热度普遍较高，许多人期待，互联网企业利用自身平台和大数据优势推出的“信用租房”等线上新模式，能推动破解信息不对称，权责不明晰等租房市场痛点。当然由于我国的信用制度还不完善，租房行业多年顽疾难以解决，有效实现信用租房还需要一定时间，但互联网企业看到，为拓展业务所推出的“信用租房”模式得到了广大网民的支持，从而会努力寻求更多创新，重构整个市场，给这个市场带来了新的活力。

（2）网络舆情对企业的消极影响案例。2016年8月某品牌手机爆炸事件成为舆论热点，并在不到两个月的时间里多次形成舆论高峰，期间通过宏博知微的舆情监测系统检索到该事件相关报道达5.8万余篇，舆论的关注点是包括企业在美国、澳大利亚、韩国等国实施的召回措施、航空公司对于乘机携带该品牌手机的管控以及国内的若干起爆炸事件，诸多报道使该事件由质量危机演变为了信任危机，使企业品牌得口碑和声誉遭到质疑。

2. 网络舆情的企业应对

企业网络舆情既能为企业产品或服务的推广带来新机遇，同时因为社会化媒体的流行使消费者拥有了更大的知情权、更大的主动权，再加上各种媒体关注，竞争对手的煽动，也使企业面对着更加严峻的挑战和考验，给企业带来了空前的压力。面对网络时代的巨大机遇和挑战，企业要谋求长远发展，就必须高度重视内外部网络舆情环境，建立完善的网络舆情工作机制，加强网络舆情预警和管理，提高应对网络舆情的能力。企业应从以下五方面开展舆情应对工作。

（1）组建网络舆情工作团队，统筹规划企业网络舆情管理工作。加强领导，落实责任，将机构设置、人员配备、工作经费等纳入企业的编制和预算。建立舆情工作人员的激励和发展机制，培养一批既懂现代企业管理，又懂网络数据采集、挖掘、分析等技术，还了解企业自身发展现状的企业舆情分析师，能对企业相关的网络舆情进行分析，为企业提供符合自身实际的舆情分析、评估及应对建议。

（2）建立网络舆情监测预警机制，使企业应对网络舆情的后续成本降至最低。面对网络海量的舆情信息，企业应建立一套适合自身状况的自动化网络舆情监测预警机制，让企业网络舆情工作成为企业常态化工作的一部分，与企业内部的其他部门协调配合工作。舆情监测要做到密切关注热点事件的舆情发展，保障数据收集的及时性、准确性和有效性，掌握网络舆情传播及演变一般规律，对舆情的发生和发展情况进行实时监测。通过舆情监测，企业可以及早发现突发事件的网络舆情，通过舆情预警，企业可以做到及早解决问题。

（3）做好网络舆情宣传引导工作，塑造企业良好形象。无论是积极或是消极网络舆情，网络舆情对企业的生存与发展产生重要影响。面对积极正面的网络舆情，企业应乘胜追击，充分利用互联网拓展宣传渠道、载体和平台，精心策划企业重大事件、重大活动的宣传，强化企业在受众者心中的形象，加强消费者对企业的信心。面对消极负面的网络舆情，企业需要重视官方或知名网站、报纸、杂志、微博、微信，甚至是论坛、博客等平台的传播价值，积极与这些媒体沟通、交流，争取媒体的支持，最大限度地利用媒体的公信力和权威性，发布最及时权威的信息。此外，还应建立企业自己的网络媒体，就网上的焦点问题，及时披露消息，组织有说服力、有深度的文章在网上刊发，解释疑惑，保证信息公开、透明，从而把握网络舆论的话语权和主导权，有效引导网络舆论，使其向着利于企业的方向发展。

（4）应用有效的舆情危机公关策略，最大限度地化解舆情危机。处理网络舆情危机必须做到：及时介入、积极坦诚、统一口径、不说假话、争取主动，目的是澄清事实、释疑解惑、强化主流舆论，争取中性舆论，孤立错误言论，消除网络舆情的负面影响，满足网民和媒体的知情权，最大限度地争取得到网民和媒体的支持；要注意回应用语，不回避矛盾和问题，保证在危机处理中尽量留有回旋的余地；要始终保持良好的态度，做到有礼有节，沉着冷静，理性面对，还要做到有人情味、亲和力和影响力。

（5）切实解决舆情危机反映的企业问题，促进企业持续发展。危机不能止于公关，企业应以此为契机，认真回顾网络舆情危机的整个过程，从中发现企业自身存在的问题，找出解决问题的方法，采取有效措施实施并推动问题的解决；找出管理中的薄弱环节，切实强化管理，推进创新与改革，不断完善相关机制，对社会责任有所担当，为企业生存与发展注入持久的能量与动力。

第三节 召回舆情

一、召回舆情概念和特征

1. 召回舆情概念

召回舆情是以各种媒介为载体，以某一产品召回事件为核心，是公众的态度、意见、情感以及观点的表达、传播与互动及其社会影响力的集合。随着移动互联网技术的飞速发展和普及率的日渐提高，社会个体愈发依赖微信、微博、互联网论坛等网络自媒体，通过这些自媒体人们获取相关的日常生活信息，引发了社会主体间信息互动模式发生着深刻变化。一些涉及消费者数量多、潜在危害大的信息往往会引发社会的广泛关注与讨论，并且会进一步放大事件的影响，如加剧监管部门的监管力度，强化受影响消费者的风险感知等。

从产品召回的视角来看，产品召回舆情是由产品召回事件引发较多公众对于召回产品的缺陷问题、召回处理过程所表现出来的各类情绪、理念、意见、态度等的总和。产品召回舆情往往表现为网络用户在各类互联网信息平台上，对某产品召回事件信息的阅读、搜索、转载、评价、讨论等行为，而这些舆情行为在短期内有明显上升。2009 年 1 月，丰田汽车在召回缺陷汽车所表现出对中国汽车消费者的差异对待，引发了国内消费者对丰田的持续负面情绪和批评，丰田汽车采取了后续的道歉与补偿措施。在随后的 2012 年 10 月 10 日丰田公司宣布在全球范围内召回 743 万辆汽车，其中，在中国召回 139 万辆汽车，创下了当年中国汽车市场的最大召回规模。中国市场实现与国际同车同待遇，这表明召回舆情可以有效地影响企业的态度和行为。

2. 召回舆情特征

召回舆情具有以下特征：

（1）爆发性和高扩散性。产品缺陷引发的召回事件，经过大众媒介或者社交媒体的传播与扩散，短期内会引发社会个体的广泛关注。这期间若有权威媒体机构或者网络意见领袖发表有导向性与情绪化的观点信息后，往往会使召回舆情在短时间内得到迅速爆发，形成席卷网络社会与现实社会，特别是媒介之间、网络与现实之间的舆情互动与耦合，会进一步加强召回舆情的扩散广度。例如，

2013年大众汽车DSG缺陷自从315央视曝光后引发媒体舆论的大量关注和社交媒体的广泛评论，最终，大众汽车在3月16日就发表产品召回声明着手处理DSG问题。

（2）多样性和复杂性。当社会公众接收到产品召回事件的信息，如召回公告、缺陷报告、潜在风险等信息时，会根据自身所掌握的产品知识与信息，对召回事件进行较为独立的分析与判断，当这一信息处理过程难以解释整个召回事件时，可能会去寻求更多地与召回有关的信息，或者听从其他可依赖个体或机构的观点来帮助自身形成一个较为稳定的事件认知，如情绪、态度或者观点等。这个个体自我认知不断调整的过程也是个体从各类媒介信息频繁搜集、传递、加工与处理召回信息的过程。有关召回事件的任何新特征或者新变化，都可引发受影响个体信息行为的改变，从而引发事件舆情的快速扩散。另外，由于产品召回涉及的利益相关者较多，如涉事厂商、监管部门、竞争对手、媒体、缺陷产品的受害者等，各方在整个召回事件的目标与动机有较大差异，其在舆情信息的传递过程中就表现出较高的多样性与复杂性。

（3）信息不对称性。信息技术的飞速发展给社会个体带来了更多接触新信息的机会。但大量冗余信息的存在成为人们获取所需信息的最大障碍。特别是在召回舆情事件中，作为舆情关注主体的涉事企业处于舆情信息的前端，拥有更多的真实信息，而普通公众则处于信息的末端，所接收的信息多是已经经过加工处理后的信息。两者之间的信息存在不对称，所持立场和认知也不共通，这会加深双方的矛盾和误解，也会促使召回事件进一步演化为舆情危机。以2009年丰田汽车在华召回事件为例，由于所依据的中外汽车召回标准差异，导致其在召回决策方面的区别对待，引发了消费者广泛的舆论压力。2017 年 12 月，原国家质检总局对一汽大众新速腾汽车后轴纵臂断裂问题缺陷调查历时一年之久，重要原因之一是汽车缺陷调查工作由于技术难度高、实验耗时久，整个缺陷调查过程一般会经历缺陷信息收集、案例分析、现场勘查、专家会商、缺陷工程试验、技术评估等多个阶段，对于这些缺陷信息的摸清排查所耗费的时间成本过高，难以短时向外界消费者与媒体沟通，这往往导致舆情在信息缺失和监管方与消费者所掌握的信息不对称的情况下不断演化发展。

二、召回舆情媒体报道情况

1. 传统纸质媒体报道

通过使用关键词“产品召回”对中国重要报纸全文数据的搜索，结果显示有关产品召回的新闻报道在2015年是364篇、2016年是338篇、2017年是276篇。图 1-16、图 1-17、图 1-18 分别展示了近三年关于产品召回报道量最大的十家报纸及报道量分布。王海燕等指出，我国各种传统媒体在报道模式上存在差异，市场化媒体的报道更重视客观模式、监督模式。如图 1-16、图 1-17、图 1-18 可知，由原国家质量监督检验检疫总局主管的《中国质量报》对各种产品召回事件的关注和报道最多，其他相关专业报纸如《中国消费者报》《中国医药报》等也保持着对产品召回议题的持续关注。

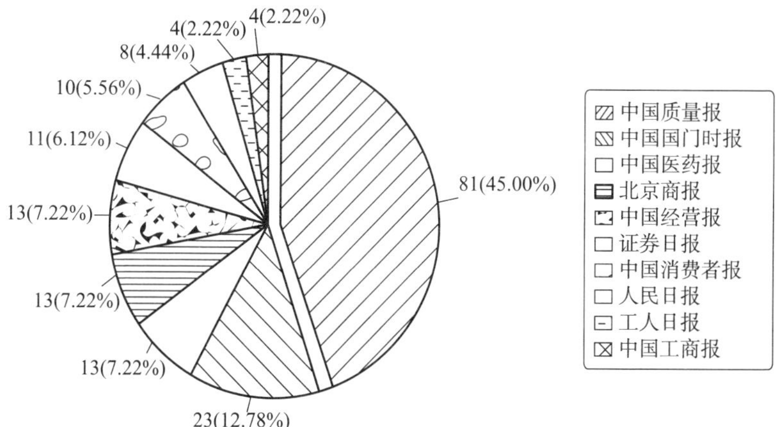

图 1-16 2015 年产品召回报道量最大的十家报纸及报道量分布

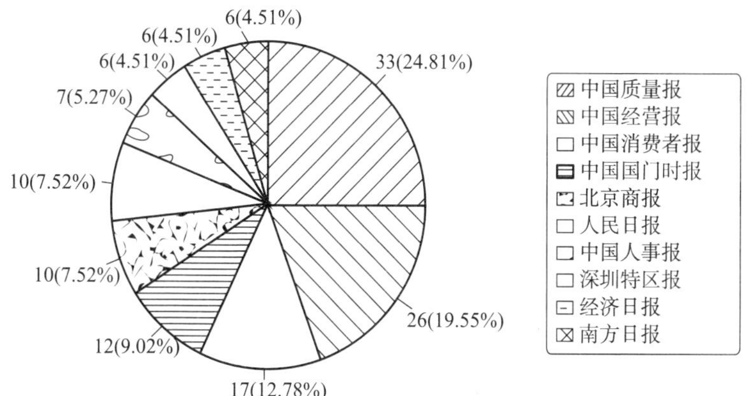

图 1-17 2016 年产品召回报道量最大的十家报纸及报道量分布

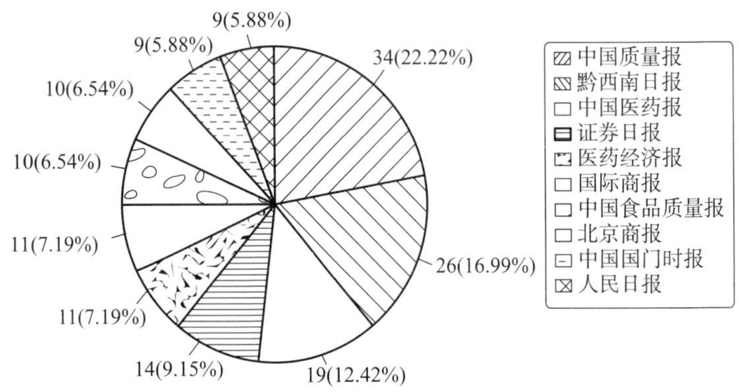

图 1-18　2017 年产品召回报道量最大的十家报纸及报道量分布

2. 网媒报道情况

在网络媒体上，负面事件的相关舆情通常由该垂直领域的专业媒体或者门户网站的专栏频道开始传播，比如有缺陷的电子产品的相关消息在事件前期往往从科技类媒体或者门户网站的科技频道栏目中率先报道披露。当缺陷产品信息在特定舆论环境中的影响力达到一定阈值时，该事件会引发重要官方权威媒体的重视并产生相应报道，而这类媒体的报道还会伴随大量次级媒体的转发或跟进报道，将事件在更大的舆论范围内推向传播高峰。随着新媒体的普及发展，社会公众逐渐依赖网络新媒体来了解产品召回事件的过程与前因后果，甚至有的传统媒体也从网络媒体中采集新闻信息，其报道策略及框架也又直接影响着受众的感知和心理。例如，国家市场监督管理总局下属的缺陷产品管理中心会利用网络信息监控平台来识别与判析潜在的缺陷产品。

3. 自媒体报道情况

缺陷产品危机事件的初期通常会出现一些自媒体平台上小号的

发声，比如微信账号、微信公众号、微博普通个人账号对于某品牌汽车故障在微博上的投诉等，正常范围内汽车或消费品或多或少的产品质量等问题在互联网舆情环境中会出现少量的客户投诉类信息，而这些小概率事件的声音大多数情况不会对企业的声誉带来影响。不过一旦某一产品的故障或者缺陷事故带来严重的后果，比如由于汽车失控造成人员伤亡，或者某一产品出现众多的共性缺陷故障，比如某品牌手机大范围爆炸事件，该事件就具备了足以引爆舆论的传播性和话题性。这时大量的自媒体小号声音就会迅速引发重要网络媒体的转载或其他自媒体大号的转发，比如微博大 V，从而造成负面消息的爆炸性传播。

对于微信公众号平台来说，由于该平台每日推送文章数量和时间等限制，使其天然不具备网络媒体和微博平台信息的高时效性，但得益于微信平台的社交属性和消息封闭性，负面消息甚至谣言在微信平台有极强的传播性和相较其他平台更长的生命周期。

以汽车缺陷召回事件为例，危机事件的早期往往会在微博平台上有大量的小号投诉出现，随后会在一些维权大 V 或者汽车领域大 V 的转载后开始首轮舆论爆发；在大量网络媒体跟进报道之后，又会在微信平台上主流和汽车领域的自媒体引发稍微滞后的大规模和长时间的传播，形成影响深远的召回舆情。

三、召回舆情对企业的影响

1. 消费者对产品召回舆论的认知

在产品召回情景下，消费者对产品召回舆论的认知主要受到消费者个体特征的影响。消费者个体特征，包括年龄、性别、受教育程度、职业、信仰及种族等。例如在风险认知方面，Hakes 和 Viscusi（2004）发现年龄较大的，受过高等教育的个体在风险感知方面更为理性，而女性往往倾向于低估高危风险。当然，由于样本对象受到所在的地区社会文化和宗教信仰等环境的影响，部分学者的研究存在不同的结论和看法。例如，Sjöberg 和 Wahlberg 通过实证研究发现群体风险感知与文化宗教信仰相关。

消费者对产品召回舆论的认知还受召回事件信息内容及传播模式等多种因素的影响。消费者对产品召回的认知是一个不断寻找信息和满足需求的动态过程。即使是同类型的产品召回事件，由于受到传统与网络媒体议程设置的影响，公众对产品召回舆论的看法也因信息内容和传播模式而不同，消费者获取信息的差异性也会导致消费者对召回事件做出不同反应。媒体信息的可靠性、连续性和精确性也会显著影响消费者的风险感知。另外从信息传播的角度，消费者认知的形成与演变可能依赖于召回事件信息的来源、编码、传播主体和传播渠道，而且媒体报道的数量都将影响消费者认知。消费者对产品召回认知的形成过程也是公众选择性记忆危机信息的过程，消费者在危机情景下获取相关信息而采取自我保护行为。

2. 媒体报道对企业产生的影响

媒体报道对企业的影响是通过对企业利益相关者认知的影响而达到的。

首先，媒体将记录公众对企业的认识和意见，更重要的是，它会影响公众对企业的认识和意见。媒体不仅仅扮演广告宣传和反映企业行为的工具，同时通过编辑和专题文章在塑造信息方面发挥重要作用。在产品召回过程中，媒体关于产品召回报道对公众的风险感知会产生直接影响，甚至决定性影响。

其次，媒体的一项重要功能是监督，专门提供关于环境的重要信息。媒体一直试图重构事件基本的框架。特别是召回事件发生后，消费者可以通过不同的媒介渠道获取产品召回的相关信息，如电视、报纸、广播、互联网等。

最后，媒体最重要的一项功能是具有议程设置的能力，即运用传媒工具，通过设定新闻事件在传播中的排序、位置、篇幅、形式和内容等，有效地转移和控制公众关注热点，引导公众对涉事企业和产品召回事件的看法，从而最终达到媒体引导舆论的目的。

媒体的议程设置功能，最初就是指媒介的这样一种能力，即通过反复播出某类新闻报道，强化该话题在公众心目中的重要程度，例如企业产品召回事件。大众媒体通过有选择地进行发布，影响着公众对什么是当前最重要问题或时间的感觉；在媒体的议程与公众的议程之间，存在着一种因果关系，经过一段时间，媒体的优先议题将成为公众的优先议题，公众会按照该媒介对这些问题的重视程度调整自己对问题重要性的看法。议程设置理论表明大众传媒一个重要的功能——可以有效地转移和控制公众的关注热点，这一理论在企业进行产品召回过程中具有很强的现实意义，媒体通过各种手段强化公众对召回议题的关注，会显著影响公众对涉事企业的判断和评价，间接影响其他利益相关者对企业的态度和行为，例如消费者的购买意愿或者投资者的投资行为。

3. 召回对企业信誉及经济层面的影响

产品召回对企业来说可以看做是一场噩梦，像很多其他类型的负面事件一样可能严重损害企业的声誉、形象和品牌价值，甚至更严重的是摧毁投资者的信任，使利益相关者或者投资者利益受损。

研究表明，产品召回会显著影响企业资本市场股价。一般来说，伴随召回公告的披露，涉事企业的股价会有显著下挫。例如，很早 Jarrell and Peltzman 的研究就发现关于药品和汽车的召回造成的财务损失远远超过召回缺陷产品的成本。某些情况下某个企业召回引起的负面影响可能溢出到同行业其他企业，“城门失火，殃及池鱼”，对整个行业的声誉和销售带来负面影响。

研究表明，产品召回会增加产品成本，降低市场份额。Crafton 等研究发现因为产品安全因素引起的汽车召回对涉事企业该产品的销售造成短期负面影响。然而，这种影响程度受到多种因素的调节作用，包含媒体对缺陷产品的报道强度、企业的媒体反应以及涉事企业原有的声誉。

4. 企业对产品召回舆情的应对策略

舆情体现公众的“民意”，敏感信息经过大量个体的快速传播扩散，直接影响着群体性的认知和抉择，特别是负面舆情在互联网传播的助长下，常常超越了当事企业的控制能力。如果企业不能很好地处理舆情，其将演变成危机突发事件，造成严重的负面影响和经济损失。研究发现，越及早、越主动频繁的干预，舆情变化指数就越小，也就是舆情所带来的冲击对公司的影响越小。长期以来，企业将舆情当敌情，常常采取删帖封堵，或沉默不理，或拖延蒙混，保持敌对、救火思维和策略。这种思维已经不能适应今天以互联网主导传播和舆论发声的社会。

在产品召回的过程中，企业采取相应的应对行为干预可以影响媒体和消费者感知。通过分析实践中企业发布的声明策略，Zavyalova 等人依据企业吸引或转移媒体和消费者注意力的方式以及对于解决危机的能力的不同，将企业应对行为划分为礼节型行为和技术型行为。礼节型行为主要指那些通过强调企业正面形象，有可能改变公众和媒体对企业的认识，并转移公众和媒体注意力于召回事件外的行为，如公布企业公民行为，公司获得荣誉和慈善捐赠等。技术型行为是指那些有潜在可能解决问题，并引导媒体和消费者将注意力聚焦于召回事件本身的行为，如解释导致产品缺陷的原因以及为缺陷产品提供维修和补偿。Zavyalova 等人提出企业可以通过媒体释放与其行为有关的信息来影响媒体对企业的报道倾向。实际上，结合不同的舆论情境，企业通过相应的策略可以有效地应对产品召回引起的负面舆论。

企业面对召回舆情爆发后的应对情况根据回应时间可分为立即回应和拖延回应两类。做出立即回应的企业一般会针对负面舆情第一时间发表声明并快速采取有关措施，这类企业往往比较关心自身所处的舆情环境，且对企业声誉有较为健全的管理制度。而拖延回应的企业一般对于自身舆论环境掌控力较弱，面对负面舆情应对不够及时甚至缺乏必要的危机公关意识。

而根据回应和有关措施的效果又可分为有效回应和低效回应两类。有效回应表示企业发出的声明和弥补性售后措施得到了大多消费者、媒体及大众的认可，舆情危机在回应后逐渐化解。而低效回应则表示企业的回应对舆论环境的改善没有起到良好效果甚至产生了反效果，负面舆论在回应后没有平息或者再次爆发产生二次危机。

5. 利用舆情塑造良好的企业形象

企业形象的修复和维护是企业召回过程中的核心目标。产品召回的直接后果是声誉和形象的丧失。产品召回过程中，负面情绪、态度和与行为催生出负面舆论，声誉和形象的损失在所难免。产品召回发生后需要根据舆情客观评估、判断召回应对措施在修复和塑造声誉方面的实际效果，据此做出相应的调整策略。

召回发生后，企业的第一要务是与利益相关者进行沟通并构建自己的召回事件框架。组织自建召回事件框架，是指企业站在自身立场上定义产品召回事件，从有利于企业的角度诠释产品召回，引导利益相关者关注的焦点。

涉事企业自建框架涉及三个方面：（1）框架内容，主要指信息的排序、位置、篇幅、形式和内容等不同的展现形式。（2）框架载体，产品召回声明是传播事件框架的主要载体。一般来说，企业会在产品召回过程中适时发布官方声明，阐述企业对产品缺陷的认识和采取的措施。人们经常在新闻媒体中获悉各类组织对事件的回应，即声明。声明的形式主要有：书面声明和口头声明。当然，组织也有可能保持沉默，不予置评。（3）框架推送。框架推送是指企业运用一定的技术和方式将事件框架扩散到媒体，直至公众视野。除了通过在纸质媒介上刊登宣传广告等形式，企业还可以通过控制公众获取关于企业信息的难易程度，将声明框架“植入”媒体议程构建过程，对公众的态度和购买行为施加影响。之前的研究证实，组织发布的新闻信息和其他类型信息影响到新闻报道的内容。但仅当新闻工作者认为接收到的信息具有新闻价值和时效性时，企业推送的框架信息才会被接受，并通过新闻报道作用于大众。

第四节 召回舆情中常见的问题

我们经常会在网站、微信、报纸的新闻中看到“日前，某公司根据《缺陷汽车产品召回管理条例》和《缺陷汽车产品召回管理条例实施办法》的要求，向国家市场监督管理总局备案了召回计划，将召回汽车……”“日前，某公司根据《缺陷消费品召回管理办法》的要求，向国家市场监督管理总局备案了产品的召回计划”的召回新闻。据统计，自2004年我国实施缺陷汽车产品召回制度以来，已累计实施汽车召回1548次，召回缺陷汽车5673.8万辆，从总体数量上看，我国几乎每4辆车当中就有1辆曾经实施过召回。以2017年为例，我国共实施消费品召回491次，召回缺陷消费品2702.6万件，分别较去年增加111.6%和337.5%。可以看出近年来，产品召回活动开展频繁，召回产品涉及品种范围广泛，全球化召回事件影响深远，很多官方网媒开辟了专门的栏目报道召回，如国务院门户网站将“缺陷产品召回查询”和“缺陷信息报告”纳入服务栏目；新华网汽车栏目下设置“召回”即时报道召回新闻，环球网“产经”和“国际车讯”栏目对我国和全球召回事件都进行及时报道，证券日报也对多起召回事件进行了深度报道。

随着自媒体的兴起，微信公众号和微博用户也有很多转载、评论或发表召回的文章或对召回事件的评论，舆情对召回的报道和热议，一方面可以看出媒体关注产品质量安全、关注政府监管，尤其是对缺陷产品召回问题更加关注；另一方面也由于出发角度不同、目的利益不同、信息资源不同，媒体层面对于召回的解读也难免产生误读，由此产生诸多错误的召回舆情，如对政策法规的误读、召回本身的误解、国内外差异的误解等。本节从召回舆情内容涉及的消费者、企业、媒体三类对象划分，分析总结了常见的30多个问题，以法律为依据，结合召回业务规律和案例特点，纠正一些常见的舆情错误观点，让大家走出认识的误区，避免舆情源头信息错误和信息扩散，形成良好的召回舆情氛围。

一、召回舆情中消费者端常见的问题

1. 谁是召回责任的主体?

在国家市场监督管理总局和缺陷产品召回中心官网上召回新闻第一句话通常为“日前，某公司根据《缺陷汽车产品召回管理条例》和《缺陷汽车产品召回管理条例实施办法》的要求，向国家市场监督管理总局备案了召回计划，将召回汽车……”，舆情报道中经常把这一句话等同于“本次召回是经国家市场监督管理总局审批 / 授权 / 认可的……”观点，其实这一种错误的理解。《缺陷汽车产品召回管理条例》第十六条规定，生产者实施召回，应当按照国务院产品质量监督部门的规定制订召回计划，并报国务院产品质量监督部门备案。《缺陷消费品召回管理办法》第十九条规定，生产者实施召回，应当按照原国家质检总局的规定制订召回计划，并按召回计划实施召回。生产者制订召回计划，应当内容全面，客观准确，并对其内容的真实性、准确性及召回措施的有效性负责。生产者应当自确认消费品存在缺陷之日起5个工作日内或被责令召回之日起5个工作日内通过信息系统向所在地省级质检部门备案召回计划。质检总局责令召回以及受原国家质检总局缺陷调查影响实施召回的，生产者通过信息系统向原国家质检总局备案召回计划。

我国企业开展缺陷产品召回行动实行的是备案制，企业是实施召回活动的主体，而政府部门更多的职责是体现在召回过程的监督、召回效果评估、召回完成率等方面。同时，根据《缺陷汽车产品召回管理条例》和《缺陷消费品召回管理办法》的规定，企业备案召回计划后，由于召回活动涉及公共安全和社会公共利益，市场监督管理总局必须将有关信息及时向社会发布。

2. 谁来保证召回措施的有效性?

企业发布缺陷产品召回公告后，消费者会有“企业的召回措施是否有效”“召回后产品质量是否有保证”以及“召回措施没有效果是否能重新召回”等对于召回措施有效性的疑虑，这些担心是在每次召回公告后普遍存在的召回舆情问题。

根据《缺陷汽车产品召回管理条例》和《缺陷消费品召回管理办法》规定，缺陷产品召回的责任主体是缺陷产品的生产者，生产者应当对实施召回消除产品缺陷的措施以及召回后的产品安全承担相应的法律责任。

《缺陷汽车产品召回管理条例》第二十一条规定，国务院产品质量监督部门应当对召回实施情况进行监督，并组织与生产者无利害关系的专家对生产者消除缺陷的效果进行评估。《缺陷消费品召回管理办法》第二十五条规定，生产者所在地省级质检部门应当对召回实施情况进行监督，对未按照本办法实施召回的，责令生产者改正。省级以下产品质量监督部门应当按照省级质检部门的要求，对生产者召回实施情况进行监督。由此可见，监管部门会对生产者实施召回的效果进行评估，如果在召回效果评估过程中发现生产者采取的召回措施未达到预期消除缺陷的目标，可以要求生产者提供新的召回方案，或采取其他相关措施，进行再次召回。历史上汽车生产者进行多次召回的案例也出现过。同时，消费者也可将产品召回实施后出现的问题向监管部门进行反馈，提交缺陷信息报告，作为评估生产者实施召回效果的有效数据。

3. 召回就是退货吗?

“某某产品召回，那么我的产品可以退货啦”，不少消费者在了解到自己使用的产品进行召回，就抱着退货的想法去实施召回，这种对于“召回”字面想当然地错误理解存在于不少消费者观念里，这也是召回舆情中常见问题，我们该如何理解产品召回与产品退货呢?

产品召回制度和一般的三包产品退换货是两个概念。三包产品退货换货是针对个体消费者处理其个人遇到的产品出现的问题或解决个人诉求，而且不能简单说明产品有任何批量性质量问题，而产品召回制度则是针对生产企业原因造成的批量涉及产品安全的质量问题而出现的处理办法。《缺陷汽车产品召回管理条例》第十九条规定，对实施召回的缺陷汽车产品，生产者应当及时采取修正或者补充标识、修理、更换、退货等措施消除缺陷。《缺陷消费品召回管理办法》第三条规定，本办法所称召回，是指消费品生产者对存在缺陷的消费品采取措施消除缺陷或降低、消除安全风险的活动。《缺陷汽车产品召回管理条例》第二十二条规定，对实施召回的消费品，生产者应当及时采取修正或者补充标识、修理、更换、退货等措施消除缺陷或降低、消除安全风险。因此，召回不等于退货。恰恰相反，从以往国内外召回的经验来看，绝大多数召回是通过免费修理或零件更换的方式解决的。

4. 召回时间为什么会推迟？

通常，召回新闻或公告中包含召回产品信息、生产者信息、产品缺陷信息、召回时间、召回方案等内容。对于产品的召回起始时间有的将在召回公告后即刻开始，而有些召回的开始时间却在数月之后开展。召回舆情中经常会出现“为什么召回实施时间要等这么久”“这个时间段出现问题谁负责”等舆情问题。以汽车产品为例，根据法规要求，生产者在确认汽车产品存在缺陷之日起 5 个工作日内应完成召回备案工作。然而由于部分召回问题复杂，数量规模较大，零配件供应紧张，可能就会出现召回实施时间与新闻发布时间的中间时间段较长的情况，法规中并未限定生产者公布召回后的实施时间，所以无法强制要求生产者提前开展召回活动，但在此期间产生的一切法律责任由生产者承担。通常生产者会在此期间发布风险警示通告，告知消费者如发生问题如何应急处理或应急，生产者也会根据问题发生的频率与车辆行驶里程等来安排召回，同时如果消费者担心也可与生产者进行沟通，妥善安排召回事宜。

5. 为何召回的是“部分”产品？

缺陷产品召回公告发布后，消费者会产生“我的产品是否在召回范围内”“产品生产日期或车辆识别代码（VIN）或产品型号在召回公告范围内，为什么生产企业告知不在召回范围内”等关于召回范围的疑问，那么，产品是否在召回范围内的确定依据是什么呢？

当产品由于设计、制造、警示标识等原因导致的在同一批次、型号或者类别的消费品中普遍存在的不符合国家标准、行业标准中保障人身、财产安全要求的情形或者其他危及人身、财产安全的不合理的危险时，生产企业对该批次、型号或者类别的产品进行召回。召回公告中的生产日期、车辆识别代码（VIN）或产品型号是大范围，在这个日期范围内的产品，如果是汽车，需根据车辆识别代码（VIN）来确定是否是召回批次的产品，如果是消费品，需根据产品型号的序列号等产品唯一标识信息来确定是否是召回批次的产品，并非生产日期范围内的所有产品都是召回产品。在生产过程中，设计工序的改变或零部件的改进等多种原因可能会导致生产日期内的产品不是召回产品。

生产企业向监管部门提交备案召回计划进行召回，生产者是召回责任主体，监管部门会对生产者实施召回的过程进行监管，对召回效果进行评估，如果发现不在召回范围内的产品也同样存在与召回产品同样的问题，将要求生产企业扩大召回范围，消费者可将不在召回范围内存在与召回产品同样问题的缺陷故障信息向监管部门进行反馈，提交缺陷信息报告，作为评估生产者实施召回范围或效果的有效数据。

6. 缺陷报告时只说明产品故障问题可以吗？

一些消费者在提交缺陷报告时，基于信息保护只愿意说产品的问题，不愿意留下电话或个人身份信息。这种想法可以理解，但实际上缺陷信息是用户在使用中发生故障或问题进行的缺陷报告，身份和电话信息是缺陷信息的重要内容之一。一是用以识别信息的真实性，二是在后续信息核实或缺陷调查中可能与用户进行再次沟通或取样。《缺陷汽车产品召回管理条例》或《缺陷消费品召回管理办法》中有相应条款对个人信息进行保护和保密，如工作人员有泄露行为将会受到严格的法律制裁。

7. 收到缺陷报告会立即启动缺陷调查程序吗?

经常有消费者提交缺陷信息报告后，电话或信函等方式咨询什么时候启动召回，是否开展了缺陷调查，从消费者提交的缺陷信息报告所描述的线索，到通过分析、研究、调查、实验等一系列科学有效的手段来判断是否存在缺陷，这是一项严谨、复杂且时间周期长的工作：

（1）消费者提交的缺陷报告是开展缺陷产品召回工作的重要依据。以 2016 年数据，缺陷产品管理中心共收到消费者缺陷报告 2.5 万例，经分析研判梳理出缺陷线索 286 个。在此基础上，组织开展缺陷调查 76 次。受缺陷调查的影响和推动，相关生产企业召回汽车和消费品数量占全年召回数量的 75% 以上。可以说，消费者提交的缺陷报告信息为召回工作提供了充分有效的信息资源。

（2）并不是每一个缺陷报告信息都启动缺陷调查。这是因为，缺陷调查针对的是批次性、有潜在安全隐患的产品质量问题。如 2016 年收到的 2 万多例缺陷报告信息当中，有一半左右具备这个特征，这些信息成为开展缺陷调查的重要线索。而对于那些不具有批次性特征的，以及不涉及产品安全的质量或经济纠纷问题，消费者可以与生产者、销售商协商解决，可以通过各地质检部门等协调处理，也可通过司法途径处理。

（3）缺陷调查是召回监管工作的重要环节，也是国际通行做法，其主要程序包括以下四个方面：a. 收集缺陷信息，b. 分析遴选具有批次性、安全性特征的信息，c. 开展分析论证、试验验证、风险评估等，d. 缺陷判定。在此过程中，生产企业可以随时决定实施召回。市场监督管理总局缺陷调查认为存在缺陷的产品将通知生产企业实施召回。

8. 召回后企业会通知到用户个人吗?

对汽车产品，根据《缺陷汽车产品召回管理条例》有关规定，生产者有通知消费者召回的法定义务。生产者实施召回应当30个工作日内以电话、邮件、短信及挂号信等有效方式通知消费者。具体到消费者个人的通知方式，生产者会依据自身实际情况自行落实，也有车辆进行二手交易或车主手机更换联系不到的情况，建议车主用户主动关注汽车产品召回信息。如消费者查询在召回范围但未收到生产者的召回通知的，可与生产者主动联系或将信息提供给缺陷产品管理中心，中心会将对该信息与厂家进行核实，督促厂家尽快与用户联系完成召回。

对消费品，《缺陷消费品召回管理办法》第二十一条规定，生产者实施召回，应当自召回计划备案之日起5个工作日内，通过报刊、网站、广播、电视等便于公众知晓的方式发布信息，告知消费者消费品存在的缺陷、避免损害发生的应急处置方法和生产者消除缺陷的措施等事项。生产者应当通过热线电话、网络平台等方式接受公众咨询。除生产者主动通过各种方式联系消费者外，消费者也要关注使用产品的安全问题，咨询生产者或自主查询信息，如在召回范围内，积极主动配合召回，及早消除缺陷问题。

9. 消费者可以不配合或拒绝召回吗?

根据《缺陷汽车产品召回管理条例》中第十八条，车主有配合召回实施的义务。配合实施召回是车主应尽的产品安全责任，存在缺陷的汽车在路上行驶会危害公共安全。此外，拒绝配合实施召回可能被视为放弃产品安全权力，由此带来的损失无法向生产者（厂家）索赔。任何一次召回都是这个原则。消费品召回原则上与汽车产品召回性质一致，也属于公共安全，消费者也要积极配合生产者进行召回，尽早消除缺陷问题，保障个人人身和财产安全。

10. 不在召回范围内的产品是否不存在安全隐患？

召回范围内产品是确认存在问题的。如果使用中的产品出现了与此次召回信息描述中相类似的故障或问题，也可能是召回范围不准确的问题，可以直接向管理中心提交缺陷信息报告。之前也有企业进行扩大召回案例，如图 1-19 所示。

汽车扩大召回　　消费品扩大召回

图 1-19　企业扩大召回案例

11. 产品缺陷的检测与鉴定应由谁来做？

经常有召回舆情或消费者咨询要求进行产品的检测与鉴定，或出具检测与鉴定报告，缺陷产品管理中心没有检测和鉴定职能，消费者如果需要，可以联系具备国家认可的第三方检测机构进行检测、鉴定或出具报告。

12. 不属于缺陷问题的缺陷报告有哪些?

缺陷是指由于设计、制造、标识等原因导致的在同一批次、型号或者类别的产品中普遍存在的不符合保障人身、财产安全的国家标准、行业标准的情形或者其他危及人身、财产安全的不合理的危险。对于其他例如使用不当造成的问题、经济纠纷问题、怀疑推测、制假售假、服务索赔等问题不在缺陷产品采集范围内。

13. 对汽车产品进行缺陷报告时需要准备哪些信息?

消费者在对汽车产品可能存在的缺陷进行缺陷报告时，应提供以下基本信息如图 1-20 所示：

图 1-20　国家缺陷汽车产品召回综合管理信息平台缺陷信息采集系统

（1）车主的基本信息。主要包括：车主（或当事人）姓名、身份证号码或单位的法人代码、手机、所在省市等信息。

（2）所报告的汽车产品基本信息。主要包括：VIN、车型型号、品牌、行驶里程等信息。

（3）所报告汽车产品的具体质量问题或可能存在的缺陷。如故障描述、故障发生时车辆基本状况及定期保养状况、驾驶人员身体状况，事件中汽车当时的行驶环境（指道路、气候等）及使用条件（指放置、行驶及速度、水温等）、驾驶人操作的动作过程、是否发生事故以及车辆受损情况、人员伤害情况、救护情况等信息，以及缺陷可能所在总成、缺陷描述及事故造成的人员伤亡情况等信息。

14. 消费者如果错过生产者公布实施召回的时间期限，还可以要求厂家召回吗?

对存在缺陷的汽车产品实施召回，是生产者的责任和义务。《缺陷产品召回管理条例》第八条规定，对缺陷汽车产品，生产者应当依照本条例全部召回。根据主管部门的要求，生产者对每次汽车召回都要公布一个时间期限，主要目的是敦促和监督生产者在这个期限内达到一定的召回完成率，获得良好的召回效果。消费者在获知汽车召回信息后，应尽快到维修站进行车辆检修，以消除安全隐患，保护自己、他人和公众的安全。但在生产者公布的时间期限之后，生产者仍然有义务按照公布的召回措施消除缺陷汽车产品的缺陷。因此，只要车辆在召回范围内，即使过了召回期限，车主依然可以到当地维修站进行召回。如果生产者拒绝，车主可以向主管部门报告。

15. 未收到企业召回短信，是否代表车辆不需要召回?

汽车产品的召回范围有的会追溯到十几年前生产的车辆，企业通常会登记和记录初次销售车主的资料和电话，但当车辆再转手出售后或车主更换了电话，联系信息就会中断。所以没有收到召回短信，不代表车辆不需要召回，车主可以登录 www.dpac.gov.cn 官网或微信通过车辆 vin 查询车辆是否是召回范围内，主动联系企业进行召回。

16. 消费者在召回事件中需要做哪些工作?

消费者在召回过程中需要做三方面工作。一是要主动地向市场监督管理总局反馈自己所使用产品失效的情况，主动地向企业提出科学合理的诉求；二是在召回调查过程中，要配合召回调查；三是真的发生了召回，之后要主动地把自己的汽车开到 4S 店进行召回维修。

二、召回舆情中企业端常见的问题

1. 企业仅依据各国标准进行召回就可以了吗?

召回的要件是产品存在缺陷，如果产品符合国家标准、行业标准要求，但仍具有危及人身、财产安全的不合理危险，也必须实施召回。每个国家对于产品的标准不尽相同，特别是在安全标准上全球也尚未统一。但是，对于缺陷的判定，除了不符合相关安全标准外，另一个重要的判定因素是不合理风险，对于已经确认的批次性质量安全问题，企业应该尽快采取召回措施，消除产品缺陷，特别是全球产品，在中国有销售，企业应自觉遵守我国法律法规和相关技术规范，凡在国外召回产品必须在华同步召回。

现在信息通讯发达，媒体关注全球召回，如果个别企业存在侥幸心理，在国外实施召回时试图绕开中国市场，实行“双重标准”

召回，也会引发媒体热议和报道。市场监督管理部门如发现部分国际品牌在不同国家实施不同召回方式的情况，也会加大信息核实和调查力度，一旦发现产品存在缺陷，依法要求相关生产企业在国内同步实施召回，不进行召回的将责令其召回。

2. 国家市场监督管理总局发布的召回新闻，是否表明其认可或同意该召回?

根据《缺陷汽车产品召回管理条例》规定，生产者是产品的主体，生产者对召回产品范围及召回措施负责，不需要政府监管部门批准，同时生产者会在国家市场监督管理总局备案召回计划，市场监督管理部门会把召回信息进行公开，并对召回活动所采取的措施进行重点监督。

3.《缺陷汽车产品召回管理条例》约束的产品范围是哪些?

《缺陷汽车产品召回管理条例》适用的产品范围主要包括汽车和轮胎，具体是指：

（1）载客汽车。包括乘用车、客车、校车。

（2）载货汽车。包括货车（含普通货车、多用途货车、全挂牵引车、越野货车、专用作业车、专用货车 6 类）、半挂牵引车。

（3）汽车挂车。包括牵引杆挂车、半挂车和中置轴挂车。

《缺陷产品召回管理条例》也适用于未随车装备的轮胎，即售后服务轮胎，原装轮胎的召回由整车生产者负责。

不适用于汽车以外的机动车、摩托车、汽车列车、拖拉机运输机组、轮式专用机械车等车型。

4. 如何理解汽车产品生产中的“批次”概念?

根据国家标准 GB/T 2828.1《计数抽样检验程序第 1 部分　按

接收质量限（AQL）检索的逐批检验抽样计划》，“批”的定义为“汇集在一起的一定数量的某种产品、材料或服务”。“批量”的定义为“批中产品的数量”。一个班次生产的产品，同一批原料产出的产品都可以认定为一个“批次”或者“批量”。但对于批次的数量，因为需求不同，产品的生产量不同，所以批次的“量”也不同。所以，不能以“量”的多少来判定一个产品质量问题是否属于批次性的或者是否具有普遍性，而应当根据问题产生的原因和性质来判定。例如，我国国产车型召回最少的台数为 9 台，进口车型召回最少的台数为 2 台，都可以视为一个批次的产品。

5. 启动召回的形式有哪些?

《缺陷汽车产品召回管理条例》所称“召回”是指汽车产品生产者对其已售出的汽车产品采取措施消除缺陷的活动。召回的启动形式主要有以下三种：

（1）生产者主动召回，是指生产者自己通过缺陷调查（缺陷信息可能来自生产者内部，也可能来自主管部门反馈的信息）确定其产品存在缺陷之后，按照条例的程序主动向主管部门报告并备案召回计划，主动实施召回的过程。

（2）生产者在主管部门调查影响下的主动召回（受影响的召回），是指生产者在主管部门开展的缺陷调查影响下，按照本条例的程序主动向主管部门报告并备案召回计划，主动实施召回的过程。

（3）主管部门责令召回，是指主管部门发现缺陷信息，通知生产者召回但生产者拒绝召回，主管部门根据条例规定的程序进行缺陷调查确认缺陷存在之后，向相关产品生产者发布召回责令，要求其按照条例规定的程序实施召回的过程。

6.“不合理危险”是否属于缺陷?

《缺陷汽车产品召回管理条例》第三条“本条例所称缺陷，是指由于设计、制造、标识等原因导致的在同一批次、型号或者类别的汽车产品中普遍存在的不符合保障人身、财产安全的国家标准、行业标准的情形或者其他危及人身、财产安全的不合理的危险”，“不合理危险”是构成缺陷的重要因素，但不能将“不合理危险”等同于“缺陷”，因为还需“普遍存在”这个因素，即如果“不合理危险”在同一批次、型号或类别的汽车产品中存在，那么就存在“缺陷”。“不合理危险”是指产品在合理的使用条件下或在可预见的使用条件下不应当存在的危险性。

7. 产品缺陷主要有哪些?

产品缺陷是指由于设计、制造、标识等原因导致的在同一批次、型号或者类别的汽车产品中普遍存在的不符合保障人身、财产安全的国家标准、行业标准的情形或者其他危及人身、财产安全的不合理的危险。

产品缺陷通常按缺陷的来源进行划分，可分为设计缺陷、制造缺陷和标识缺陷：

（1）设计缺陷是指由于技术的局限性、选材不当、对产品的使用环境或条件考虑不周或其他原因，而使产品存在某种缺陷。

（2）制造缺陷是指产品因在加工、制作、装配过程中某个工序或环节出现偏差、错误或疏忽，而使一批产品存在缺陷。产品的制造缺陷可产生于产品生产过程的每一环节，从冲压、焊接、机加工等加工工序到零件的安装和连接等装配工序的偏差、错误或疏忽都有可能产生缺陷。

（3）标识缺陷也称指示缺陷，是指产品未能提供完整的、符合安全使用要求的操作使用说明或警示说明等告知信息。这种缺陷会因为没有明确告诫如何正确操作，而可能导致消费者或维修人员受到某种伤害。

8. 消除汽车产品缺陷的方式主要有哪些？

依据《缺陷汽车产品召回管理条例》，明确消除汽车产品缺陷的方式主要有四种，即：修正或者补充标识、修理、更换、退货。

以 2017 数据为例，251 次召回中有 83% 的召回活动是以更换配件的方式消除缺陷，其余的召回活动分别以软件升级和修理的方式配件消除缺陷，占比分别为 10% 和 7%（如表 1-1 所示）。

表 1–1　2017 年消除缺陷方式及召回次数与占比

消除缺陷的方式	召回次数 / 次	占比 /%
更换配件	209	83
软件升级	25	10
修理	17	7
总计	251	

9. 生产者需要备案哪些信息？

备案是指提交给管理部门用于存档以备查考的材料或凭据，不需要主管部门的批准同意。报备者应根据实际变化或需要及时调整并重新申报备案，以确保备案信息的准确性、及时性，以免造成不利后果。

汽车生产商报送给国务院产品质量监督部门的备案信息，将是主管部门履行职能、实施监督和检查的重要依据，具有法律效力。

《缺陷产品召回管理条例》规定汽车生产者应将以下内容进行备案：

（1）生产者基本信息；

（2）汽车产品技术参数和汽车产品初次销售的车主信息；

（3）因汽车产品存在危及人身、财产安全的故障而发生修理、更换、退货的信息；

（4）汽车产品在中国境外实施召回的信息；

（5）缺陷汽车产品召回计划；

（6）国务院产品质量监督部门要求备案的其他信息。

如果生产者未按规定对有关信息进行备案，根据《缺陷产品召回管理条例》第二十二条第二款规定，产品质量监督部门将会责令改正；拒不改正的，处5万元以上20万元以下的罚款。

10. 召回是否代表企业产品质量差?

关于产品召回，我们经常会听到身边的人说："××牌的产品又召回了，看来质量真是不行。"国内消费者往往给召回产品的企业扣上"质量差"的帽子。这个是国内开始实施产品召回制度前期比较普遍存在的召回舆情问题，随着消费者面对"召回"的日趋理性，这种舆情问题在逐渐减少，但也不乏存在。那么，产品召回能否与产品质量问题画等号呢?

召回与产品质量问题不能简单画等号。纵观国内外，几乎所有车企都对旗下不同车型进行过不同范围的召回。汽车是一个极其复杂的产品，涉及上万个零部件，而这些零部件又是由成百上千个配套厂生产的，而且汽车的使用环境千差万别。尽管各大汽车制造厂有着非常严格的质量控制体系，也投入了巨大的人力和财力，但是，在设计和制造过程中还是难免出现一些妨碍安全的问题，倘若因为某一具体零部件的质量缺陷而对整车质量甚至其品牌产生质疑，未免有些以偏概全。

召回在市场经济成熟国家是常态。在众多召回公告中，分为主动召回和被动召回。可能存在产品质量问题，由监管部门要求生产者进行召回，即被动召回，而主动召回和质量问题没有必然联系，受产品生产时期的技术水平或认知所限，一些产品在设计或生产时虽然符合法律或行业相关规定，不乏产品进入流通领域后才发现产品可能存在问题，通过主动召回消除潜在的风险或隐患，是生产企业主动担责的表现，是不断完善产品品质，给消费者提供保护和更好体验的措施。产品质量管理，包括产品生产过程以及产品售出后持续监控产品品质表现两个方面，如果监控产品表现时发现问题、隐患，或随着科技进步找到了更好地解决方案，生产企业会主动召回进行品质提升。目前，主动召回作为产品全生命周期质量管理的重要一环，很多优秀企业都已经纳入质量管理体系。企业能够发现问题，主动解决发现售出产品的缺陷，恰恰说明这家企业具有很高的品质管控能力和对消费者高度负责的态度。

第二章

召回舆情监测及分析方法

CHAPTER2

第一节 召回舆情监测概述

一、开展召回舆情监测的意义

召回与产品质量安全密切相关，汽车产品和消费品与人们日常工作、生活息息相关。众多的平台如政府网站、媒体新闻、电子商务、微信、微博、论坛等成为公众发表言论、表达诉求的重要通道。召回舆情在近几年逐渐形成表达社会民意、报道重大事件、关注产品质量安全、促进社会管理的重要力量。因此，政府监管部门和企业应关注重视召回舆情监测工作，政府在召回舆情监测中主动、及时、快速、准确地监测舆情信息，并对信息进行收集、整理、分析、判断、评估，形成分析报告和舆情预警信息，可以为提前发现舆情事件、正面引导舆论、消除公众疑虑、化解危机、推动政府解决问题等方面起到正面、积极的作用。企业实施召回舆情监测，首要的意义就是提前发现舆情危机，及时处理危机公关。对企业来说，召回舆情影响到消费者对企业品牌的认同感，近年来，汽车行业巨头和消费品行业巨头纷纷陷入舆论危机，如不及时采取正确的事件分析和应对策略，会造成难以估计的影响。通过观察出现召回舆情时企业应对发现，面对召回舆情的爆发初期，这些企业的舆情监测部门和公关部门往往不能第一时间发现舆情，同时也没有做到合理正确的处理和回应，造成了召回舆情信息在网络上放任自流的蔓延，而错失了舆情应对的黄金时间。

此外，我国网民基数非常大，网络信息海量，发表言论和被关注到的召回舆情涉及的信息数量也有限，加上网络舆情传播具有开放性、交互性和时效性的特点，一些网民未考证信息的真假就盲目跟风和大量转发，参与表达意见的网民也有限，因而代表有限的网民意见的网络舆情不能等同于全部的网络民意，更不能等同社会民意，同时也要注意有个别非法网络水军的肆意妄为，背离道德品行的恶意行为，防止以偏概全，形成错误判断。

政府和企业实施召回舆情监测的首要意义在于提前发现舆情危机，及时应对，进行危机公关，保持企业良好健康的形象，其次是可以及时了解事件的动态，对错误和失实的舆论进行正确的引导，消除不良影响。

二、召回舆情监测基本流程

召回舆情监测是一项专业和系统性的工作，专业性是指要了解产品召回、产品缺陷、质量安全问题、典型伤害的表征和特点，能够在搜索和自动化爬取时做到精准定位产品问题，不遗漏信息。系统性是指舆情监测有其科学的程序、方法和规律。目前，市场上成熟的舆情监测方案一般可大体拆分为数据采集、数据筛选及判断、危机反馈及跟踪、数据处理及分析等业务模块，并与舆情处置及处理流程紧密配合、相辅相成。召回舆情监测方法流程图如图 2-1 所示。

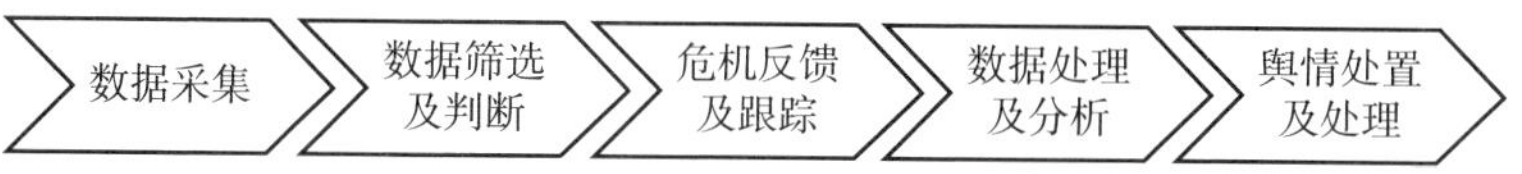

图 2-1　召回舆情监测方法流程图

1.数据采集

召回舆情监测的第一步是对网络媒体、微博、微信、投诉网站、汽车论坛等媒体，运用舆情监测软件或自动化搜索工具对与汽车和消费品召回、产品质量安全、缺陷投诉、会议、社会热点等相关内容进行定向监测及信息采集。这是召回舆情监测的信息基础，所有的舆情研判、分析和舆情髓方案都有赖于所掌握的数据采集信息。

2.数据筛选和判断

召回舆情监测到的内容很多是重复或相关主题，数据筛选和判断表示是把收集到的信息结构化处理，把关键性内容数据结构化表示，在此基础上除去重复的数据信息，确保数据的真实、准确及唯一。此处需要说明的是数据冗余也是统计的指标之一，可以作为评价的量化指标。

3.危机反馈及跟踪

召回舆情监测是社会和公众对召回事件、缺陷问题、产品质量安全事件反映的“风向标”和“晴雨表”，要利用舆情监测对突发事件进行全网、全时段跟踪监测；快速敏锐地聚焦公众舆论关注点，把握事件舆情整体动态及走势，对公众的质疑、谴责、批评和诉求有针对性的回应，及时采取合理引导。

4.数据处理和分析

数据处理和分析是对监测到的信息进行处理的关键步骤，包括对内容分类、关键信息提取和标签、数据结构化重组、数据分析；是对舆情进行深层次加工处理的过程。数据分析是重点，需要综合考虑多方面因素和变量才能确定信息是否为预警信息，危机程度如何，目前召回舆情的判断标准及指标在我国还处于研究阶段，一般说来主要有媒体影响及传播度、民众关注度、内容敏感度、态度倾向等评价指标。

5. 舆情处置和处理

依据前面的数据及分析，判断公众对事件信息的态度情感，筛选谣言，评估公众情绪与价值判断，研究舆论关注点和热点，得出舆情处置方案，为舆情决策或化解突发事件提供数据信息参考。

以宏博知微数据的召回舆情监测方案为例，该方案采用分布式集群对数据进行高效的采集、存储，数据采集范围涵盖网络媒体、微博、微信、新闻客户端和优质自媒体等主流网络平台，同时兼顾全面性和时效性。随后融合自然语言处理的相关算法对数据进行有效的去噪和相似度匹配，并配置相应规格的监测服务人员通过使用内部开发的情报监测系统对数据进行实时的跟踪和反馈，当出现负面舆情立即第一时间进行反馈，同时对负面舆情后续的传播情况进行阶段性的汇总分析。另外，该方案还会针对不同周期的舆情信息做定期汇总和分析工作，对相关舆情做阶段性总结并辅助企业的公关决策。

三、召回舆情监测分类

召回舆情监测按照舆情监测范围、监测产品类型、监测时间序列、监测内容的轻重缓急、舆情发展阶段等进行划分，主要有以下几种。

1. 按舆情监测范围划分

召回舆情监测按地域范围分国内、国外两种。国内是对我国的产品召回、产品质量安全、缺陷投诉问题等进行的监测，国外主要是对国外的召回机构、产品召回、预警信息、法规标准等进行的监测。对国内外召回舆情监测的样例如图 2-2 和图 2-3 所示。

图 2-2　国内产品召回、产品质量安全、缺陷投诉问题的舆情样例

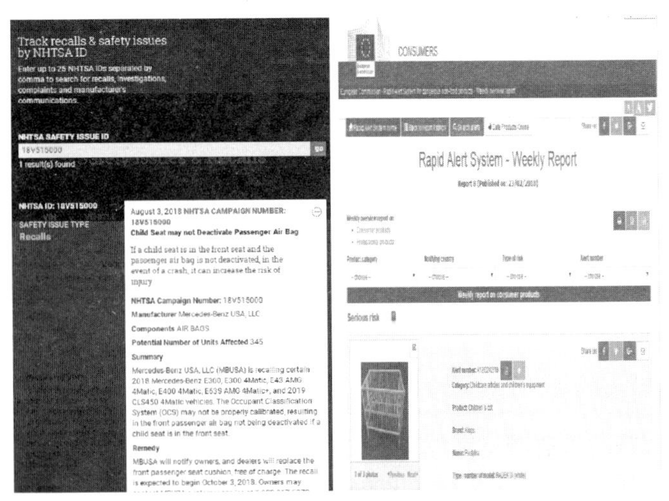

图 2-3　国外产品召回、产品质量安全的舆情样例

2. 按监测产品类型划分

按监测产品类型划分为汽车、消费品两类产品监测，目前随着我国召回法律法规、监管方式、信息管理等方面的发展与完善，这一分类已逐步细化到二级。对汽车和消费品相关产品召回舆情监测的样例分别如图 2-4 和图 2-5 所示。

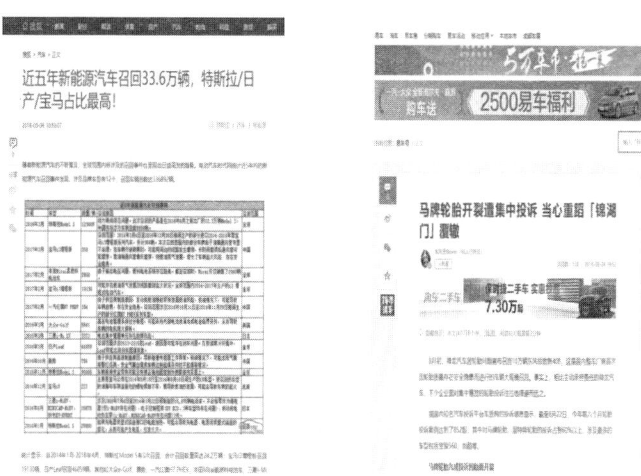

近五年新能源汽车召回33.6万辆，特斯拉/日产/宝马占比最高！

马牌轮胎开裂遭集中投诉 当心重蹈「锦湖门」覆辙

图 2-4　汽车相关产品召回、产品质量安全的舆情样例

制度不断健全 家电企业理性对待“家电召回”

MacBook Pro用户联名，要求苹果召回键盘 问题严重

图 2-5　消费品相关产品召回、产品质量安全的舆情样例

3. 按监测时间序列划分

按照召回舆情监测的时间序列及业务特点，分为阶段监测和持续监测。阶段监测是指时间段为固定一个时段，如一个月、一年、十年，有事件的起止点，总量的构成是静态的，如汽车或消费品缺陷报告信息中的重点问题监测、召回效果跟踪监测等。持续监测是对一个事件进行跟踪跟进的监测，是持续不断地随着时间的推进跟进事态的发展变化，是动态发展的，如突发事件持续跟踪监测、召回事件过程和问题监测等。阶段监测和持续监测样例如图 2-6 和图 2-7 所示。

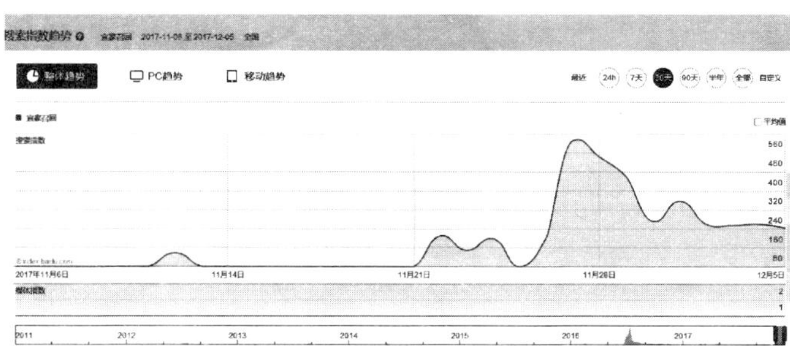

图 2-6　宜家召回 1 个月舆情

4. 按监测内容的轻重缓急划分

按照召回舆情监测内容的轻重程度分为日常监测和专项监测。日常监测是对网站媒体、投诉网站、论坛、社区、博客等网站进行监测，对舆情信息进行收集、分类、分析、判断、整理、评估，形成舆情预警信息，监测范围不固定，强调信息的全面监测、分析准确。专项监测是针对某一特定问题，如汽车或消费品会商中缺陷报告的重点问题、召回效果跟踪、突发事件持续跟踪、事件监测、法规及规章监测、或业务其他要求的监测，监测内容范围具体、明

消费品召回制度实施以来的网络舆情整体情况报告

2016 年 1 月 1 日，《缺陷消费品召回管理办法》（以下简称《办法》）正式实施，作为我国第一部消费品召回领域的重要制度，该《办法》受到社会各界的广泛关注。根据总局有关部署，我中心就"消费品召回制度"开展了专项舆情监测工作。主要内容涵盖新闻报道、微博，截止时间为 7 月 26 日 10 时，整体情况如下：

一、新闻报道情况

2016 年 1 月 1 日到 2016 年 7 月 26 日 10 时，网络媒体主要舆情热点包括：一是新华社、中国新闻网、中国经济网等多家媒体重点报道《办法》中的目录管理、企业主体责任、技术支撑等内容；二是 2016 央视"3.15"晚会中，与消费者相关的商品质量问题再次成为焦点，质检总局副局长梅克保表示，质检总局对电饭煲、智能马桶盖、智能手机、儿童玩具等 10 类产品将是今年监管的重点，同时会加大在缺陷产品召回方面的力度；三是典型消费品召回案例受到广泛关注，例如宜家召回事件，引发国内外媒体对同步召回、标准问题等持续广泛的深度报道；四是各地方质监局、检验局开展基于本省监管人员、企业的消费品召回政策法规培训和宣贯，如上海、湖北、河北、厦门等地。

图 2-7　消费品召回制度发布后的舆情监测

确，侧重数据真实、信息完整、分析正确，表现方式更多样化，提交形式以报告居多。日常监测和专项监测样例如图 2-8 和图 2-9 所示。

日常舆情监测							
序号	标题	时间	内容	地址	来源	关键词	同标题量
6350	交通运输部等约谈滴滴 顺风车全国	2018-08-26	。二要立即对顺风车业务进行	http://financ	金融界	车 隐患	79
7220	众泰汽车市值蒸发124亿跌破净资产	2018-08-27	不够强、无法支付起高端品牌	http://auto.g	盖世汽车	车 故障	53
2692	交通部联合多部门约谈滴滴责令整	2018-08-27	信息、由出行线路相同的人选	http://econo	中华网	车 隐患	49
6412	重庆：智能项目为经济赋能 智慧科	2018-08-26	智博会展览现场人气火爆。罗	http://financ	中国新闻	车 爆	46
5284	百万辆车将召回!其中70万有自燃风	2018-08-26	。上述范围（二）内部分车	http://mp.we	济源论坛	车 故障	45
7093	惊魂5秒!这种车骑着就能起火,你家	2018-08-26	要说要酷神器 感觉墨镜鸭舌	http://mp.we	直播遵义	车 隐患	43
6159	多部门对滴滴开展联合约谈：全面整	2018-08-26	有关部门依法依规处理。	http://www.c	中国经济	车 隐患	41
4884	存在自燃隐患,大众将召回70万辆汽	2018-08-26	踏板时偏软，极端条件下可能	http://mp.we	固原日报	车 故障	40
8043	《中国共产党纪律处分条例》	2018-08-26	中共中央发布或者批准发布的	http://china.	财新网	电视 裂	40
2611	哈尔滨"8·25"重大火灾伤亡惨重 行	2018-08-26	用火用电用气安全管理、微型	http://mp.we	阜康消防	安全 隐患	35
1318	交通运输部联合公安部等单位约谈	2018-08-26	26 日下午，交通运输部联合	http://tech.if	凤凰科技	车 隐患	341
651	应急管理部:严格落实消防安全责任	2018-08-26	昨天凌晨4时许，黑龙江省哈	http://mp.we	河南消防	车 隐患	172
4708	扩散!百万辆车将召回!其中70万有	2018-08-28	，制动总泵内的副密封圈可能	http://mp.we	新安在线	车 故障	124

图 2-8　日常监测样例

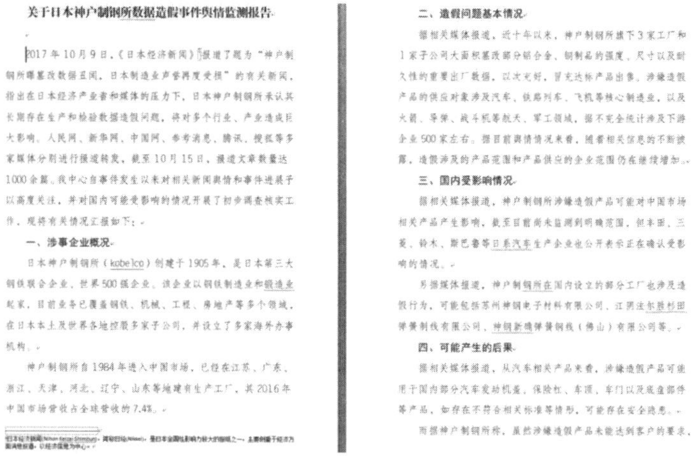

关于日本神户制钢所数据造假事件舆情监测报告

2017年10月9日，《日本经济新闻》①报道了题为“神户制钢所曝篡改数据丑闻，日本制造业声誉再度受损”的有关新闻，指出在日本经济产业省和媒体的压力下，日本神户制钢所承认其长期存在生产和检验数据造假问题，将对多个行业、产业造成巨大影响。人民网、新华网、中国网、参考消息、腾讯、搜狐等多家媒体分别进行报道转发，截至10月15日，报道文章数量达1000余篇。我中心自事件发生以来对相关新闻舆情和事件进展予以高度关注，并对国内可能受影响的情况开展了初步调查核实工作，现将有关情况汇报如下：

一、涉事企业概况

日本神户制钢所（kobelco）创建于1905年，是日本第三大钢铁联合企业，世界500强企业。该企业以钢铁制造业和锻造业起家，目前业务已覆盖钢铁、机械、工程、房地产等多个领域，在日本本土及世界各地控股多家子公司，并设立了多家海外办事机构。

神户制钢所自1984年进入中国市场，已经在江苏、广东、浙江、天津、河北、辽宁、山东等地建有生产工厂，其2016年中国市场营收占全球营收的7.4%。

①日本经济新闻(Nihon Keizai Shimbun)，简称日经(Nikkei)，是日本全国性影响力较大的报纸之一，主要侧重于经济方面消息报道，以经济报道为中心。

二、造假问题基本情况

据相关媒体报道，近十年以来，神户制钢所旗下3家工厂和1家子公司大面积篡改部分铝合金、铜制品的强度、尺寸以及耐久性的重要出厂数据，以次充好，冒充达标产品出售。涉嫌造假产品的供应对象涉及汽车、铁路列车、飞机等核心制造业，以及火箭、导弹、战斗机等航天、军工领域，据不完全统计涉及下游企业500家左右。据目前舆情情况来看，随着相关信息的不断披露，造假涉及的产品范围和产品供应的企业范围仍在继续增加。

三、国内受影响情况

据相关媒体报道，神户制钢所涉嫌造假产品可能对中国市场相关产品产生影响，截至目前尚未监测到明确范围，但丰田、三菱、铃木、斯巴鲁等日系汽车生产企业也公开表示正在确认受影响的情况。

另据媒体报道，神户制钢所在国内设立的部分工厂也涉及造假行为，可能包括苏州神钢电子材料有限公司、江阴法尔胜杉田弹簧制线有限公司、神钢新确弹簧钢线（佛山）有限公司等。

四、可能产生的后果

据相关媒体报道，从汽车相关产品来看，涉嫌造假产品可能用于国内部分汽车发动机盖、保险杠、车顶、车门以及底盘部件等产品，如存在不符合相关标准等情形，可能存在安全隐患。

而据神户制钢所称，虽然涉嫌造假产品未能达到客户的要求，

图2-9　专项监测样例

第二节 召回舆情监测技术与方法

一、召回舆情监测的关键技术

互联网上关于产品质量的数据分布广，数据格式各异，且网络层级深，因此为了能够高效地应用召回舆情数据，召回舆情监测的技术与方法尤为重要。舆情监测相关系统涉及网络爬虫、多源异构格式数据处理、海量数据分析、新闻传播属性分析、可视化展示等，其中，网络爬虫、数据处理、中文分词、文本聚类等技术是目前关注和研究的热点。

1. 网络爬虫技术

网络爬虫实质上是一个爬行程序，一个抓取网页的爬行程序，通过网页的链接地址来寻找网页，从网站某一个页面开始，读取网页的内容，找到在网页中的其他链接地址，然后通过这些链接地址寻找下一个网页，这样一直循环下去，直到把这个网站所有的网页都抓取完为止。这种技术可以检查站点上所有的链接是否有效，并把相关的数据保存下来，成为搜索引擎。如果把整个互联网当成一个网站，那么网络爬虫就可以用这个原理把互联网上所有的网页都抓取下来。

在召回舆情的采集过程中，需要对大量的新闻网站、专业论坛、自媒体网站上的信息进行采集，网络爬虫技术会令采集过程更加全面和高效，能够更好地辅助获取所需召回舆情的相关数据。

2. 文本聚类技术

文本聚类技术是自然语言分析技术的一个重要研究分支。它是在无类别标记信息的情况下，根据事物的不同特征，将事物划分为不同的组，使得不同聚类中的数据尽可能的不同，而同一聚类中的数据尽可能的相似。近年来，文本聚类较多应用于自动产生文本的多层次的类或者簇,并利用这些生成的类对新文本进行高效率的归类。

文本聚类技术是主题检测技术的基础，文本的表示通常采用布尔模型、向量空间模型、潜在语义模型和概率模型文本表示模型，用某种特定结构去表达文本的语义。

在对大量的召回相关新闻做初步处理时，需要对相同事件的相似新闻数量进行归类和统计，文本聚类技术能够更好地辅助该工作的进行，提高数据处理的效率和可靠性。

3. 中文分词技术

中文分词技术是中文信息处理领域的一项基础性课题，也是智能化中文信息处理的关键，中文分词系统的实现及效果依赖于分词理论与方法。现有的分词算法可分为三大类：基于字符串匹配的分词方法、基于理解的分词方法和基于统计的分词方法。由于基于统计的分词方法对歧义、新词的识别能力强、分词的准确性高以及技术成熟、便于实施等方面的优势，结合网络舆情的特点，基于统计的分词更为适合网络舆情监测系统的研究。

4. 数据可视化技术

数据可视化技术关于数据视觉表现形式的科学技术研究，这一技术允许利用图形、图像处理、计算机视觉以及用户界面，通过表达、建模以及对立体、表面、属性以及动画的显示，能够将新闻热度、事件发展趋势、数据统计、传播路径、人物关系等通过图形显示出来，以便人们更加直观地了解舆情发展态势。同时，可以利用多种形式的图表，包括全国地图、曲线趋势图、树状图、饼图、柱形图和星状图等，对数据分析结果加以可视化解释，呈现出更好的交互和展现能力。

二、召回舆情监测的核心方法

召回产品的舆情监测需要通过对互联网上各类信息进行采集、分类、整合、筛选等技术处理，来实现对网络热点、舆情动态、网民意见等进行实时统计，最后形成各类统计报表。通常要对热点问题和重点领域比较集中的网站数据进行24小时监控，随时采集最新的消息和数据，然后完成对数据格式的转换及元数据的标引。同时也对采集到本地的信息，进行初步的过滤和预处理。对热点问题和重要领域实施监测，并在监控知识库的指导下进行基于舆情的语义分析，向信息部门如实反馈当前的舆情现状，以供管理者制定管理对策使用。

由于召回舆情具有极强的社会性和专业性，因此面对海量的舆情数据，针对不同的情况会采取不同深度的加工，以输出最符合实际需求的舆情数据报告。

1. 高时效性召回舆情监测

为方便信息部门随时监测召回产品相关的负面舆情，召回舆情系统提供了舆情实时报告，系统会对实时采集的大量数据根据指定的关键词组合进行自动化、较粗略的数据清洗工作，并把处理结果于每日固定时间直接推送至手机移动端等监测平台，以供有关负责人员随时阅览和监测。而针对每天 24 小时内采集到的所有数据，除有效的数据清洗工作外，监测系统还会对其进行更深度的文本聚类处理工作。聚类处理可以将有效数据进行二次压缩，提炼出当日重要的热点召回舆情，再辅以其他重要维度数据以邮件的形式推送给信息部门相关人员。

以上两种方式可以使信息部门人员随时了解当前舆情环境的状态，并在第一时间获知重大负面舆情的有关情报，及时做出负面舆情的应急处置工作或对消费者做出预警，得以在负面事件发生或者产品故障投诉爆发的初期做出防范工作，更好地保护消费者的权益，预防负面事件带来的恶性舆论爆发和民众大面积的恐慌。

2. 低时效性召回舆情监测

面对更长时间积累的数据，舆情服务团队会对数据进行更深度的加工，除基本的数据清洗和文本聚类流程外，还会将数据根据产品类型、品牌、故障类型等关键标签提炼出对应周期内发生的重点事件，并通过事件传播影响力计算模型测算出事件在舆论环境中的影响力，最终以召回舆情周报、月报、会商报告等形式进行输出。

该方法适用于处理积累一定时间的召回数据，可以更好地对统计周期内的海量数据进行整理和提炼，直观方便的展示舆情热点。但同时更高的加工精度也会带来相对更长的输出周期以及更低的时效性，因此该方法更适合辅助信息部门对较长周期内召回舆情重要性的研判和处理的优先级排序，比如在专家会商时把监测周期内的重要召回舆情进行提炼并测算其影响力，以辅助会商的分析和决策，同时技术部门深度加工的数据可以作为技术证据辅助后期工作。

3. 召回舆情的深度分析

在出现重大负面事件时，舆情服务团队会针对单一重点事件进行深度的分析和研判，并输出事件的专项分析报告。

专项分析报告的制作前期会对目标事件进行针对性的数据采集工作，将多平台有关目标事件的信息全部采集入库；随后对数据进行高精度的数据清洗和筛选工作，以保留和事件高关联度的有效数据；最后再对完成筛选的数据进行数据汇总、整理和分类工作，便于后期进行处理和分析。

在面对经过整理的有效数据时，专业分析人员会分别从传播层面、内容层面和渠道层面三个层面对事件进行全方位、立体式的解构和解读。

在传播层面，通过从时间尺度的分析，可以总结出完整事件生命周期的发展脉络和趋势走向，还可以找到过程中的关键发展节点或转折点，并分析出不同关键节点对事件产生的不同影响。

在内容层面，可以发现事件发展不同阶段传统媒体、自媒体及网民的核心观点和舆论焦点，分析出不同阶段内舆论的走向变化，对召回企业的观点态度转变过程。例如，速腾汽车断轴事件，通过对车企几次公开回应以及召回工作开展前后媒体及网民观点的内容分析，就能衡量出车企的几次针对性处理工作的有效性，同时可以获知消费者对车企处理方式的满意度和认可度。

在渠道层面，通过对网媒、微博、微信等不同平台重要媒体、自媒体、KOL 渠道的观点提炼，能够得到在整个事件过程中有重大影响力和起到关键舆论引导作用的媒体。另外通过渠道层面的分析，还能够找出散布夸大性谣言或引起群众恐慌的黑渠道媒体，这类媒体的发声会对网民舆论起到不良的误导作用，同时也对有关企业带来不可磨灭的伤害，需要发现并交由有关部门进行整改处理。

经过数据分析和研判输出的专项分析报告可被信息部门用于单一事件的复盘总结，与技术团队共同商讨处理对策等场景。同时对典型事件的重点分析研判结果还会对后期同类型事件的处理产生指导作用，辅助有关部门做出更客观全面的判断以辅助优化监管决策。

三、召回舆情监测的范围

在召回舆情信息的监测及分析层面，对于召回舆情信息的监测不仅仅是以召回新闻或公告发布为节点，召回舆情的监测需要贯穿出现故障、缺陷调查、改善方案、召回公布、召回效果评估、召回完成情况评估等全过程。因此对于召回舆情的监测和分析，无论对于质量监管部门还是召回涉事企业在每个环节都应提起足够的重视，并在不同阶段采取行之有效的分析方法。

召回舆情出现的初期：通常来讲，在产品召回舆情的初期，相关信息多出现在微博平台和产品相关论坛，如汽车之家、爱卡汽车、太平洋汽车、中关村在线、知乎、百度贴吧等。初期阶段可以日常监测为主，通过观察每日舆情数量变化、故障严重性、评论等来对该事件进行事件起因分析并抓住案源。在召回舆情的初期，信息数量相对较低，而且信息发布的渠道影响力或阅读量及转发量较小，但不排除在短时间的发酵后引发共鸣，如一汽大众新速腾断轴案例，在召回舆情的初期相关信息为零星出现于汽车论坛中帖子，但却引发了后续大规模的车主维权、多地车主起诉至法院等对于企业影响颇大的群体行为。

召回舆情的高潮阶段：通常为召回公告发布前后一段时间，涵盖了缺陷调查、改善方案以及召回公布三个时期，在此阶段舆情监测应进入专项监测，根据具体问题进行舆情数据统计和典型情况调查，进行专业深入分析工作，研判解决措施，形成有效的召回发布方案，并通过媒体对召回信息的转发达到舆论顶峰，在此阶段网络媒体、微博、微信、论坛等各级媒体对召回新闻进行信息公告，提醒消费者进行缺陷产品召回、消除安全隐患等。

召回舆情的尾声阶段：无论是企业还是政府职能监管部门都需认清召回公告的发布不代表整个产品召回舆情的结束，对于召回效果进行评估、对于召回完成率进行统计和发布等都是检测召回工作是否到位的重中之重。在此阶段舆情监测同样应以专项监测为主，信息的主要来源是微博和专业论坛，舆情监测的内容不同于以往，更应关注已经实施召回的产品是否还存在缺陷、是否增加了新的问题、召回范围外的产品是否有同样隐患待解决、召回范围内产品的实施召回完成率等。

第三节 召回舆情的传播特征

一、影响召回舆情传播的关键因素

信息时代的发展，微信、微博、手机 APP 以及各类网站和论坛等新媒体的不断涌现，召回舆情的传播逐渐表现出多元化、个性化、形式多样化、受众选择性强、实时发布、传播主客体互动等特点。

召回事件可能会对涉事企业的声誉与生产运营带来严重的负面影响。特别是在召回舆情的传播过程中，通常产品召回会触发大量的负面媒体报道，使公众产生广泛而直接的负面感知，引起大范围的公众关注。从汽车召回来看，国内所有汽车召回公告首先公布于国家市场监督总局网站，而后由媒体和下级质检单位进行传播扩散，最具影响力的传播渠道表现在微博上的舆情传播。在众多微博平台中，新浪是组织和公众用户最多、最活跃、最主流的社交媒体平台之一。据统计，有超过800家新闻组织和近400家地方质量监督部门在新浪微博上开通了官方微博，包括新华网、中国新闻网、人民网、法制日报等权威机构。当缺陷产品召回声明发布时，众多媒体在新浪微博上对其进行转发或信息报道，此时新浪微博就成为了传播与交换信息的一个有效平台，而召回舆情的传播会受到召回事件的内在属性影响，如召回产品数量、历史召回次数、应对措施、缺陷产品价格、产品产地等。

1. 召回产品数量少，并不意味着召回负面舆情的程度低

对于召回企业来说，产品召回数量的多少代表了召回事件的规模，也能反映出产品缺陷所造成的社会危害。当缺陷产品召回数量不断增加时，意味着更多人受到了产品危害的波及。从危机的社会放大效应角度出发，大规模地召回会引起公众对召回事件更多的关注，使得事件关注度和影响力提升，从而导致公众对涉事企业更多的负面评价，降低公众对企业的支持度和忠诚度。

召回数量与召回舆情的关系比较如图2-10所示。从图中可以看到，宝马进口X5、法拉利458Italia、长城汽车哈弗H6等车型的召回，都引发了较大规模的网络召回舆情的传播。特别是法拉利的召回事件仅仅涉及57辆458Italia汽车，但是其产生的网络舆情指数却与涉及40万辆的东风本田思威（CR-V）召回事件相当。因此可见，大规模的产品召回固然代表了问题产品可能产生的社会危害，需要引起重视；但较小规模的产品召回也可能会引发大规模的媒体和公众关注，导致网络负面舆情的快速传播。

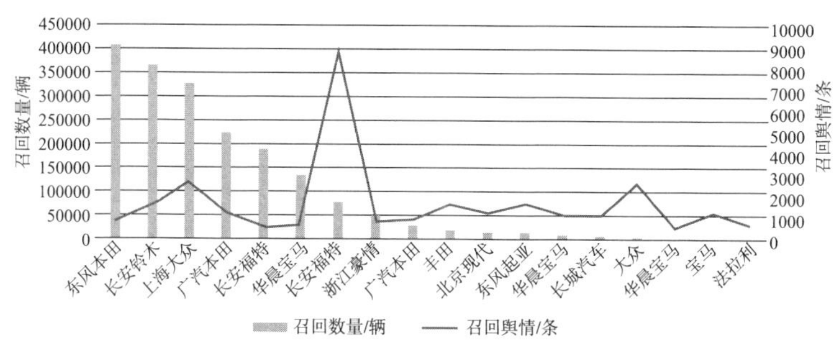

图 2-10　2010 年至 2014 年召回舆情指数（新浪微博）前 18 位的汽车召回事件

（数据来源：国家市场监督管理总局缺陷产品管理中心网、新浪微博）

2. 企业采取的不同应对措施对召回舆情传播影响差异明显

《缺陷消费品召回管理条例》中明确说明，在消费品因缺陷等故障原因发生后必须采取纠正措施。在挽回错误的过程中，企业有义务做出可行性修复措施和尽可能的预防措施。通常情况下，企业的召回应对措施取决于缺陷产品的问题严重程度，同时企业采取何种措施也会考虑到召回成本因素。成本会迫使一些企业采取适合公司当下绩效或公司实力的召回措施。如一汽大众新速腾汽车的“断轴门”召回事件，大众公司的应对措施与消费者的预期存在很大差异，造成该召回事件的负面舆情快速并在相当长时间内持续在网络上传播。

根据《缺陷消费品召回管理条例》，制造商必须明确召回措施，通过予以修理、更换、赔偿等积极有效的措施，消除缺陷产品的危害风险。从舆情监测来看，当企业选择为消费者更换产品或零部件时，公众的重视程度会高于其他免费升级软件、检修等措施。可以发现，相比于检修、维修、升级、重新安装等召回应对措施，当企业采取更换的措施时，舆情的传播指数最大，高出是其他措施一倍。企业应对措施对召回舆情传播的影响如图 2-11 所示。

图 2-11 应对措施对召回舆情传播的影响

（数据来源：国家市场监督管理总局缺陷产品管理中心、新浪微博）

3. 缺陷产品可直接观测的特征会对召回舆情产生直接影响

由于存在信息不对称，公众不可能准确而客观地对缺陷产品或服务做出客观评价，在这种情况下，公众对产品召回的理解与认知大都来自可直接观测到的外部特征或信号。在面对市场上众多产品的多样功能和不稳定的质量问题时，公众没有充足的时间、经验与完备的信息，去对不同品牌的产品做比较。在这种情境下，公众只有依赖一些启发式线索，如产品的名称、价格、产地、品牌形象等可以直接被观察到的线索去衡量产品质量。价格是产品质量特征的重要彰显之一，它传递了关于产品的一些明确信息。在很多产品领域（如汽车领域），较高的产品价格表达的就是较高的产品质量，也承载着消费者更高的期望。用户潜在的想法是价格高的质量应该更好，无法容忍价格高的出现问题，而对价格较低产品的一些小的问题认为可以接受。于是在企业高价格产品发生伤害危机时，与消费者的期望发生违背，更容易产生负面舆情，缺陷产品所引起的负面舆情也传播的更快更广。

在全球化进程中，原产国成为影响公众对品牌和品牌形象认知的一个重要因素。国外学者进行的社会调查发现 74% 的参与调查的公众在买车时把原产国作为一个重要的考虑因素。在中国市场，进口产品尤其是汽车，常常与高社会地位和高品质相关联。另外，公众对进口产品缺陷召回更包容，而且把他们视作合理行为。此外，很多人认为国产自主品牌产品是廉价且低质量的，“中国制造”成为公众评价召回产品的重要线索。据测算，2010 年至 2016 年间，我国自主品牌汽车召回引起的平均微博舆情指数为 205，同一时期的进口品牌汽车召回事件的平均指数为 166。可见国产汽车的缺陷和召回更加能够引起公众的关注和讨论度。

二、产品召回的舆情走势特征

通过采集典型召回事件的每日舆情的变化进行分析，发现召回舆情的每日变化特征通常表现为正态单峰曲线型、多峰曲线型、单调递减型三种曲线特征。对召回舆情的走势特征分析，不仅能帮助尽快预测召回舆情的动向，也能为召回企业选取合适的舆情沟通策略提供判断依据。

1. 单峰曲线型的舆情走势

单峰曲线型走势是指在召回事件发生后，召回舆情的演化呈现出先上升再下降的走势特征。其演变过程可划分为舆情萌芽、舆情发展、舆情高潮、舆情衰退和舆情消亡五个阶段，如图 2-12 所示。

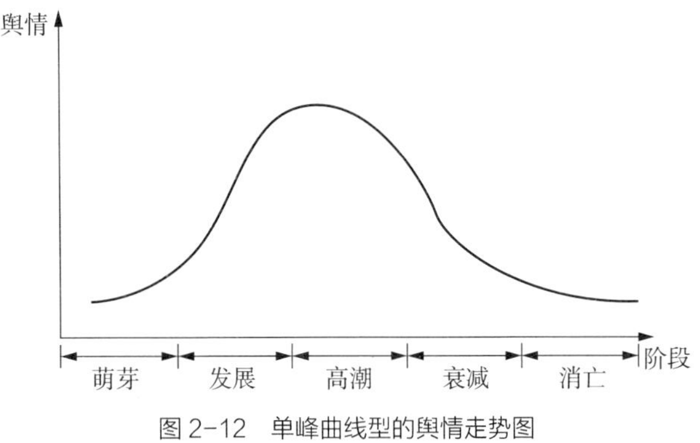

图 2-12 单峰曲线型的舆情走势图

舆情萌芽阶段是指召回事件的信息刚被释放但还未引发广泛的关注与讨论。在这个阶段，召回信息的扩散遵循线性的传播模式，召回信息的流动路径直接且单一。此时信息的传播者往往是初始信息的发布者，如监管部门、媒体、召回企业、受影响的消费者等。信息的传播渠道也为单一的微信、微博、报纸或其他传统媒体。此时舆情信息之所以未被广泛关注也可能是因为事件较为简单，未有进一步的事态进展消息；也可能是因为大众舆论正在关注其他热点话题。

舆情发展阶段是指召回舆情逐渐受到越来越多的媒体与公众的关注，舆情走势呈现快速上升的阶段。在这个时期，舆情信息的扩散不再是单一的线性传播关系。就信息的发送与接收者而言，召回企业、监管部门、媒体、消费者及公众之间已经完成了多次信息的互动传播。监管部门也开始公开介入事件的处理过程。传播渠道上，微信、微博、传统媒体托各类媒体相互交织、互相影响，多方力量汇合，不断推进召回事件升温升级，形成声势浩荡的网络舆情。

舆情高潮阶段是指召回舆情的传播广度与深度达到了，具体表现在舆情的关注者数量庞大，舆情内容上表现出诉求情绪化和集中化，部分事件中还表现出诉求较为偏激的现象，单日的舆情信息数量超过以往且参与舆情的主体更加多元化，网络舆情非常活跃和危险，极易出现舆情雪崩，导致局面难以控制。

舆情衰退阶段是指公众对召回事件的关注度逐渐下降的阶段。在强大的舆情影响力和社会舆论压力下，政府监管部门全面介入召回事件的处理并监督产品召回的效果，同时也会适度影响到舆情的走向。召回企业在前期采取的公关措施也逐渐开始发挥作用，公众对召回企业发布的信息也开始关注，监管部门发布的权威信息开始占据主导，网络意见领袖的关注点也逐渐转移到其他话题，此时媒体上的也逐渐趋于理性，民众的情绪开始平复，整个召回舆情开始进入消退期。但如果舆情引导措施不当或者不及时，就会出现反弹或出现衍生舆情，引发第二轮的舆情爆发。

舆情消亡阶段是指舆情逐渐退出公众视野的时期。随着产品召回的进行，召回企业承担起法律责任，对消费者进行赔偿，达到了公众的期待。经历了前四个阶段之后，该事件已经满足了人们的好奇心，逐渐有新的事件走入人们的视线。

呈现正态曲线型舆情传播特征的召回事件往往具有以下特征：

首先，产品召回事件本身的影响及起因比较简单。召回事件影响力相对不大，表现在其召回数量较少，即召回事件涉及的消费者数量较少，召回产品的缺陷问题不严重，产品隐患也没有引发死伤事故或造成较大经济损失。召回产品的缺陷问题不为公众所熟知，无法让公众短时间内大范围议论，以及该品牌经常性的召回让媒体失去了报道的兴趣，因此在召回新闻出现的时候，公众对事件的关注度不高。

其次，召回企业有一定的品牌知名度，但对于召回事件的处理方面存在一些缺陷，导致事件被舆论所关注。召回产品在召回期间由于缺陷问题导致安全事故，必定会掀起轩然大波，导致新闻媒体争相报道，将舆情走势推向高潮。如图 2-13 所示，特斯拉全球召回 12.3 万辆 modelS 等案例都符合单峰曲线型的舆情传播特征。

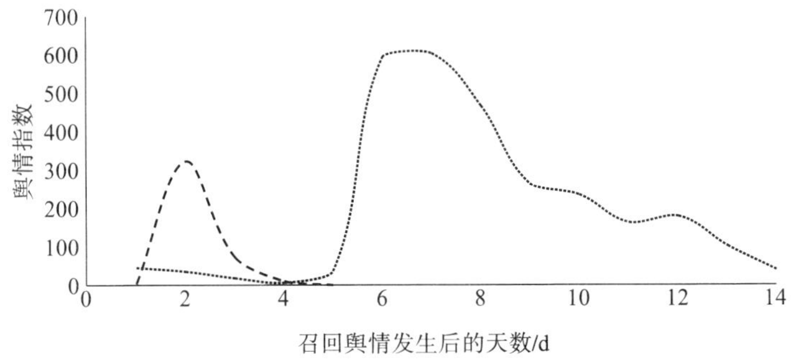

图 2-13　单峰曲线型的召回舆情走势示例

以下案例一定程度说明了召回事件单峰曲线型的舆情走势。

案例 1　动力转向装置缺陷　特斯拉全球召回12.3万辆 ModelS

2018 年 3 月 29 日，美国电动汽车制造商特斯拉宣布，公司正在全球范围内召回所有在 2016 年 4 月之前生产的 ModelS。特斯拉主动向受影响的客户发送邮件，承认“动力转向装置可能遭到过度腐蚀”。召回公告一经发布，特斯拉的股价就受到了重创，创下了 2010 年 12 月以来的最差单月表现。以每日经济新闻、新京报、财经网、第一财经日报、华尔街日报中文网等为主的各财经媒体相继报道了特斯拉由于全球召回 Model S 而造成的股价暴跌情况，使得整个召回事件的舆论在一天内就冲到了最高点。然而，事实上，动力转向装置缺陷在之前并未导致任何事故和人员受伤，因而剖析各大媒体的报道可以发现，外界对此次召回事件引发的特斯拉资金链的关注远远超过了对召回事件本身的关注。因此，股东等利益相关者关注点的转移使得召回事件的负面舆情消亡，然而，这种信息消亡的方式并非是企业喜欢的，对特斯拉新的质疑和质控，使得特斯拉只能无奈地自嘲“特斯拉的黑色四月”。

案例 2　宜家再召回 1730 万个抽屉柜

2017 年 11 月 30 日，“上海发布”微信公号推送消息称，上海市质量监督局约谈宜家，要求切实履行产品召回义务。12 月 1 日，宜家就马尔姆（MALM）系列抽屉柜所涉及的安全问题举行媒体沟通会。宜家零售中国总裁朱昌来称，马尔姆抽屉柜在中国没有再次召回计划，购买该系列产品的消费者可以选择固定上墙服务或退款，凤凰网、每日经济新闻等媒体进行了后续的追踪报道。舆情大多聚焦在“宜家在中国不召回可退货”这一应对举措上，该召回事件舆情又出现上升的态势。在舆论压力下，宜家中国零售总裁朱昌来解释，美国、加拿大地区此次也不是重新召回，而是重申上次召回的信息，宜家在中国市场虽然没有进一步召回计划，但在“加强召回的深度和广度”，“一周已经打了 3000 通电话，已经向顾客传达了注意事项。”至此该召回事件舆情逐渐趋于消退。

2. 多峰曲线型召回舆情的传播特征

多峰曲线型召回舆情往往包括多个舆情高峰，也就是说，整个舆情会经历多个萌芽阶段、舆情发展阶段、舆情高潮阶段、舆情衰退阶段、舆情消亡阶段等。这其中重要的原因是因为召回事件在处理过程中出现了新的舆情线索，如企业管理缺陷、召回政策不合理、新的产品伤害等，而导致舆情的传播呈现反复的态势。多峰曲线型的召回舆情走势如图 2-14 所示。

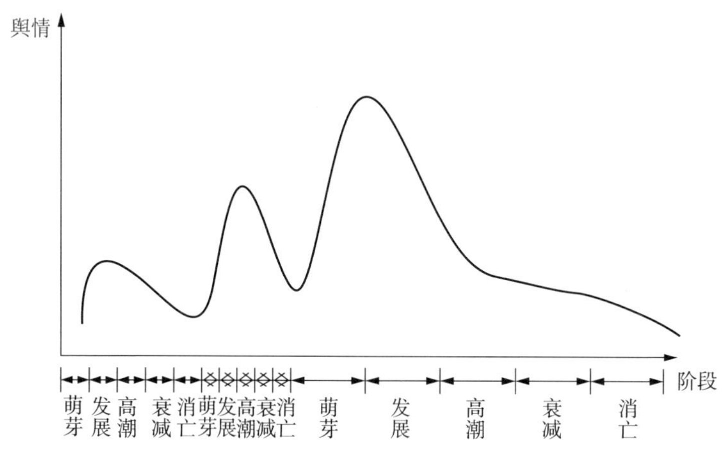

图 2-14　多峰曲线型的召回舆情走势示例

同时，具备多峰曲线型舆情特征的召回事件往往表现在召回产品数量较大、涉及的消费者较多，而且缺陷产品具有较为模糊的潜在危害性，所以事态的演化往往存在较高的不确定性。召回产品缺陷问题有时还会引发公众所熟知的伤亡事故，较容易引起大范围的议论。企业的召回措施对舆情的态势影响也很大，例如企业中外区别召回的做法让中国的媒体和消费者感受到企业“双重标准”下的歧视，导致舆情传播在开始阶段及迎来爆发。在产品召回的情境下，企业不当言论也极易成为舆论焦点，导致负面舆情扩大，影响企业形象和声誉。如2016年丰田全球召回580万高田公司的缺陷气囊车，其中在华82万辆；2016年三星召回最新款手机Note7；大众速腾“断轴门“事件等案例都符合波动型的舆情传播特征如图2-15所示。这些召回产品都是知名品牌，且召回数量大，潜在危害性也较大。在召回过程中企业应对行为没有让消费者满意，消费者往往联合起来采取极端的手段维护自己的利益，导致召回事件的影响力再一次上涨。

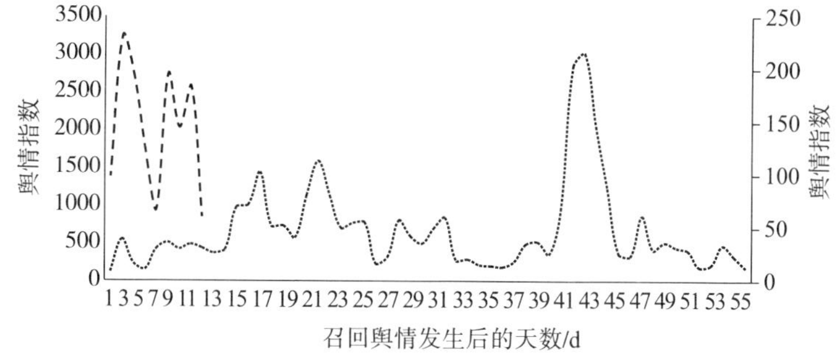

图 2-15　召回舆情发展传播的波动型特征示例

以下案例说明了召回事件多峰曲线型的舆情走势。

案例3　三星召回 Galaxy Note7 手机

2016年9月2日，因电池缺陷问题，三星宣布停售Galaxy Note7手机，并且召回美国、韩国、澳大利亚等10个国家和地区的共250万部Note7手机。三星声明，目前在中国大陆销售的Note7使用的是与其他国家不同的电池供应商，电池并不存在安全隐患。中外区别召回的举措首次将三星推向了风口浪尖。9月14日，三星（中国）宣布自9月14日起，召回2016年7月20日至2016年8月5日期间制造的1858台Note7测试体验机。此外在这份声明中，三星再次重申，9月1日开售的Note7没有质量问题。此时舆情迎来了第二次高峰期。9月19日，三星回应中国Note7“首炸”，称爆炸系外部加热导致，同时欲起诉中国用户造谣，三星的不当言行引发了新一轮的媒体热议。9月29日，三星公开向中国消费者致歉，并承诺永远不会对中国采用双重标准，并再次重申国行版Note7是安全与可靠的，在海外市场更换的全新Note7产品同样采用了与国行版相同的供应商所提供的电池。三星的公关行为开始起作用，舆情态势有所缓和。10月10日，三星停止Note7的生产，10月11日，三星全球叫停Note7的销售和置换，要求持有Note7原始手机和置换机的用户关机，停止使用。在原国家质检总局执法督查司进行约谈和启动缺陷调查情况下，三星决定自2016年10月11日起，召回在中国大陆地区销售的全部SM-N9300 Galaxy Note7，共计190984台。至此，三星给出了彻底的解决方案，此次召回事件舆情传播达到顶峰。2017年1月23日，三星在韩国首尔召开了一场沟通会，首次公开了对Galaxy Note7安全事故原因的调查结果。最后三星电子的代表向所有的消费者致歉，也意味着召回事件的结束，舆情消退并逐渐消失，但是三星已经错失了最佳的应对时机，造成的损失不可估计。

案例 4 魅族 Flow 耳机混用配件的召回

2017 年 8 月 21 日晚，有网友通过直播拆解 Flow 耳机，发现其采用的并非娄氏单元，而是采用不知名厂商的“山寨”单元。奇怪的是，在此之前，魅族提供给 KOL 评测的 Flow 耳机经拆解显示其采用的正是娄氏单元。一时间，魅族 Flow 耳机混用发声单元的恶劣罪状被证实。8 月 22 日，魅族官方配件微博账号一天内发布三条微博，表示 Flow 耳机要停售召回，召回用户将加送 EP52 耳机。该企业的态度比较诚恳，并且将 Flow 耳机事件的来龙去脉进行了详细的解释，抓住了最佳的应对时机，媒体对该事件的报道都比较客观，舆情趋于正面，短时间内该召回事件迅速平息，比较少有波折。

案例 5 丰田全球召回 580 万辆高田气囊车

2016 年 10 月 26 日，丰田汽车发布电子邮件称，正在全球召回总共 580 万辆汽车，这些车辆搭载了高田公司的缺陷气囊，充气装置可能破裂，存在安全隐患。召回第一天，事件就引起了较大的关注，但主要传播渠道还是以凤凰网、东方财富网、人民网为代表的网媒。10 月 27 日，以每日经济新闻、新浪财经为代表的微博大 V 对该事件进行了报道，微信公众号也对该事件进行推送，舆情传播渠道较为广泛，舆情整体较为负面，在 10 月 27 日舆情传播达到了顶峰，随后舆情趋于消退。10 月 30 日，该召回事件在微信传播，舆情传播再一次达到了波峰。11 月 2 日，舆情继续在微信发酵，有微信公众号作出了“丰田车主注意！小心你的致命气囊”为标题的推送消息，舆情传播第三次达到波峰。随着时间的推移，该事件热度下降，逐渐退出人们的视线。

3. 单调递减型舆情的走势特征

随着互联网技术的快速发展，尤其是自媒体的普及，舆情演进的萌芽和初期发展阶段被大幅度缩减。近年来，越来越多的案例表现为出现舆情会在短时间内得到快速的爆发。如果产品缺陷被权威媒体或监管部门，如中央电视台 3 · 15 晚会曝光或国家市场监督管理总局缺陷产品管理中心网站公告等，其舆情会迅速爆发。如果涉事企业能够采取较为有效的紧急补救和公关措施，召回舆情可能会迅速平息消退，召回事件舆情呈单调递减型的走势。单调递减型召回舆情走势如图 2-16 所示。

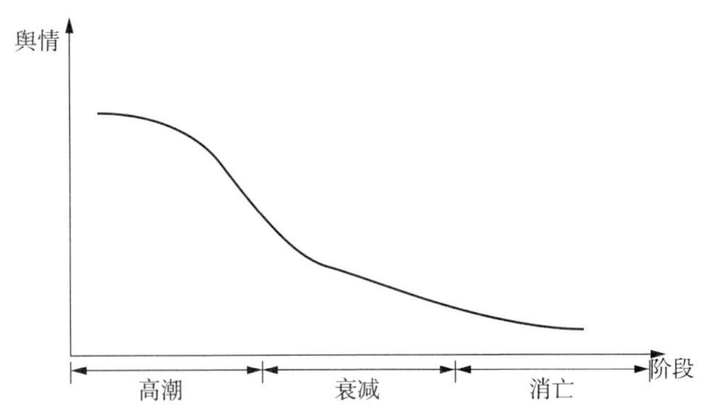

图 2-16　单调递减型的召回舆情走势图

在单调递减型舆情走势的召回事件中，召回产品大多是知名公司销售的日常消费品、家用电器汽车产品等，而且缺陷产品隐患可能造成的伤害程度较大，由于媒体与公众对召回企业和缺陷产品较为熟知，一旦发生召回事件，很容易被媒体和公众的关注，并引发较大的后续报道。这些特点让召回舆情在短期内呈现爆发的态势，但是若企业随后采取有效的公关行为，平息事件的影响，舆情会逐渐趋于消退。如宜家马尔姆等系列抽屉柜召回事件、中央电视台3·15晚会曝光大众途锐设计缺陷和神龙汽车有限公司召回部分东风标致4008和5008汽车等案例都符合单调递减型的舆情传播特征，如图2-17所示。

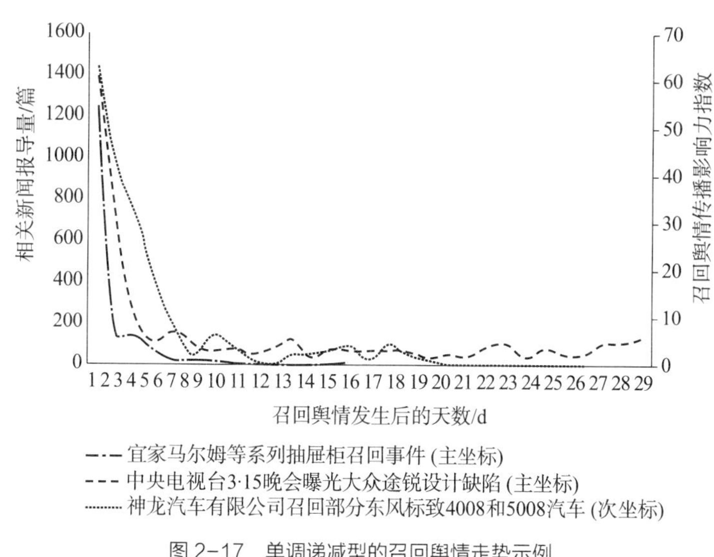

图2-17　单调递减型的召回舆情走势示例

以下案例说明了召回事件单调递减型的舆情走势。

案例6　宜家马尔姆等系列抽屉柜召回事件

2016年7月12日，原国家质检总局官网发布消息称，经国家质检总局约谈后，宜家（中国）投资有限公司向国家质检总局提交了召回计划，决定从2016年7月12日起在中国市场上召回1999年至2016年期间销售的马尔姆等系列抽屉柜，数量共计166.0845万件。此前宜家给出的“符合国标就无需召回”的言论一直被媒体所诟病，此次召回计划官宣之后立即引起了热议，舆情爆发。对于召回范围内的产品，宜家免费提供上墙连接件和上门安装的支持，或者将家具退回宜家商场，获全额退款。至此，仅对该召回事件而言，舆情传播已到达消退期。

案例7 中央电视台3·15晚会曝光大众途锐设计缺陷

2018年3月15日，中央电视台3·15晚会曝光大众途锐暗藏缺陷，第二天网络媒体、微博、微信立即对此事件进行报道，3月16日当天总报道量达到了1200多。大众汽车（中国）销售有限公司针对此前部分途锐车型出现的空气滤芯进水问题表示歉意，针对上述缺陷问题，此前大众汽车（中国）销售有限公司向国家质检总局备案了召回计划，将自2018年4月30日起，召回2014年12月21日至2017年11月12日期间生产的部分进口2015年至2018年款途锐系列汽车，中国大陆地区共涉及33142辆。除召回方案外，大众汽车（中国）销售有限公司还将自3月15日开设“专属通道”，由售后人员为车主提供一对一的沟通。此次途锐召回事件率先在中国掀起，在全球范围内并不多见，这在很大程度上体现出了中国消费者维权意识的上升，也体现出了大众对中国市场的重视。大众把握住了应对时机，召回举措也赢得了消费者的满意，召回事件舆情传播立即进入衰退和衰亡期。

案例 8 神龙汽车有限公司召回部分东风标致 4008 和 5008 汽车

2017 年 12 月 18 日，神龙汽车有限公司根据《缺陷汽车产品召回管理条例》和《缺陷汽车产品召回管理条例实施办法》的要求，向国家质检总局备案了召回计划，决定自即日起，召回部分 2016 年 7 月 23 日至 2017 年 8 月 30 日生产的东风标致 4008 汽车和 2017 年 3 月 15 日至 2017 年 9 月 23 日生产的东风标致 5008 汽车，共计 18032 辆。本次召回范围内的车辆，由于车身底部燃油管与燃油箱空气导流板预留间隙偏小，车辆长期在颠簸路面行驶时燃油管有被磨损的风险，极端情况下可能导致燃油泄漏，存在安全隐患。神龙汽车有限公司将免费对召回范围内的车辆进行检查，更换改进后的燃油箱底部空气导流板，如检查过程中发现燃油管路磨损，则更换相应的管路。神龙汽车有限公司将通过东风标致特约销售服务商以挂号信、电话等方式通知车主，安排召回事宜。该企业召回数量较大，隐患问题较为严重，因此在召回初期即通过网媒、微博和微信迅速传播，引起较大关注。但是该企业应对召回危机的举措让消费者较为满意，召回新闻报道较为客观，因此在发布召回公告之后舆情传播迅速消退。

及时进行召回舆情沟通是有效降低召回事件带来负面影响的重要途径。不同特征的召回事件和召回舆情的走势密切相关。单峰曲线型的舆情走势可以给召回企业较为充分的舆情沟通时间；多峰曲线型由于公众会受到多次负面信息的强刺激，会对召回企业的声誉及品牌带来较为明显的损害；单调递减型的舆情由于爆发突然，涉事企业往往没有做好充分的舆情沟通准备，易于陷入被动。但无论哪种类型的舆情走势，减少不必要的舆情线索及其新闻价值性是缓解舆情压力、减少舆情中的负面情绪的重要手段。这就有赖于召回企业在召回事件发生时就需要做好完善的沟通计划与制定稳妥的信息释放策略。

第四节 召回舆情中的噪音传播识别

在对海量的召回舆情信息进行评估及分析时，会发现召回舆情中存在着盘根错节的噪音数据，如在公共事件中，网络推手捏造谣言以博眼球的方式大肆炒作；在涉及具体产品时，竞争对手雇佣水军在社交媒体上发布虚假信息来影响舆情走势及舆论观点；个别媒体由于掌握的信息不够全面或在一些专业领域存在认知误差，导致对于事件存在偏见的报道等都是召回舆情中常见的情形。

互联网提供了获取信息的渠道，但网络环境却迷离扑朔，存在大量的水军报道、谣言传播以及媒体的偏见报道等噪音信息，召回舆情分析需要首先识别海量信息中的虚假谣言以及相应的水军推手，根据其传播特征和索求分析，来有效地粉碎谣言、降低负面舆论影响，净化网络环境。

一、召回舆情中的水军识别

社交媒体是当下非常热门的一种互联网应用。在发生公共事件时，许多当事人雇佣公关公司在社交媒体上发布虚假信息来影响舆情，为公关公司所服务的社交媒体账号称为水军。自从互联网出现，就有了水军（spammer），在水军起步早期，主要专指在网络中针对特定内容发布特定信息的、被雇佣的网络写手。水军高频活跃于电子商务网站、论坛还有微博等社交媒体平台中。一般水军会通过一定形式，伪装成普通网民或消费者，通过有目的性的发布、转发和回复等网络行为对正常用户或其他舆论主体产生影响。

后期随着网络技术的发展，同时为了满足更加大量、复杂的需求，衍生出了可以被少量人批量操纵、自动完成“灌水”行为的水军。受操纵的水军会使大量的带有目的性的不实信息在社交网络中传播，对真实用户造成误导，引发不良的社会后果。

在召回舆情的传播中，水军的出现会使舆论对事实产生曲解，影响普通用户对产品的真实判断。比如在汽车产品相关舆情中，如果出现水军大量发文试图夸大汽车故障程度，利用危言耸听的文字和虚假的事实蒙蔽普通用户的认知，将可能对企业的声誉造成不可逆转的不良影响。

1. 典型水军类型

通过对召回舆情数据库中信息研究发现，通过账号维度、文本分析、时间维度、来源维度四个方面可以清晰的诠释水军。如图 2-18 所示。

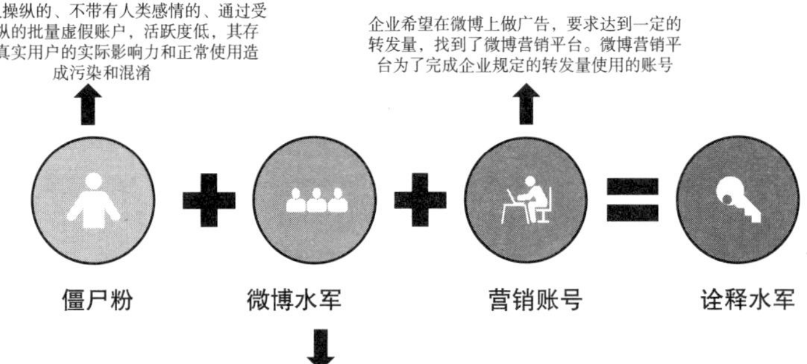

图 2-18　典型水军特征

（1）僵尸粉：由机器操纵的、不带有人类感情的、通过受算法操纵的批量虚假账户，活跃度低，其存在会对真实用户的实际影响力和正常使用造成污染和混淆。

（2）微博水军：在微博上，水军特指是为他人转发评论造势的批量微博账户，这批微博账户由机器算法操纵去造势，使用大量虚假账号去共同完成，而这些临时征集来为特定微博服务的微博账号。

（3）营销账号：企业希望在微博上做广告，要求达到一定的转发量，找到了微博营销平台。微博营销平台为了完成企业规定的转发量使用的账号。

2. 水军特征

在网络上，水军往往没有明确的特征，其类型复杂多样，且可用的特征点较少。水军甚至可以通过一些技术手段和内容运营对正常用户进行以假乱真的模仿，通过伪装混迹在普通用户群体中引导舆论。不过，依靠大量水军识别工作中的经验，仍然可以总结出一些水军行为的典型特征，具体如下：

（1）刷语料库：水军的文字生产能力有限，往往会使用大量相同或者相似度极高的语段或语句，将这种行为成为刷语料库。如图 2-19 所示。

图 2-19 刷语料库特征水军

（2）盗图：水军的社交媒体账号通常不具备图像内容的原创能力，因此水军的社交媒体账号发布的图像内容一般来自于其他用户，即盗图行为。如图 2-20 所示。

（3）伪装成销售代理、明星粉丝或段子手：这三种是水军账号经常用于伪装的网络身份，因为其模仿门槛低，有利于批量生产。因此水军账号的社交媒体内容中往往充斥着产品广告、明星声援、网络鸡汤段子等内容。

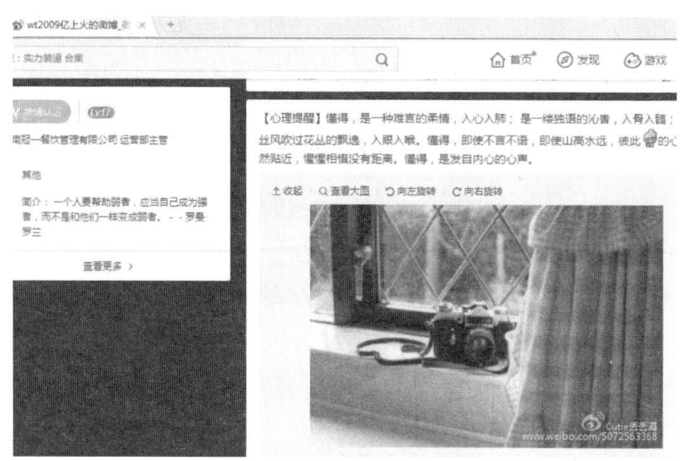

图 2-20　盗图特征水军

3. 水军发帖分析

（1）文本分析：由于水军发布的内容具有刷语料库的特征，所以可以通过对同一事件舆情中相似文本内容层面的分析来识别水军。

文本分析维度中应用到最典型的技术为数据挖掘中的聚类分析算法。它是研究分类问题的一种统计分析方法，聚类分析以相似性为基础，在一个聚类中的模式之间比不在同一聚类中的模式之间具有更多的相似性。

在水军识别模型中，聚类算法可以对训练集中多样化变种文本进行识别，聚类成分立的多个典型文案，通过反推的方法有效提取出水军使用的语料库。随后再利用样本训练出的语料库对大量的数据进行处理，利用聚类分析有效的识别出和水军语料库相似水军内容，以准确识别出水军。

（2）时间维度分析：在单一事件中一旦出现大量的水军，其在时间尺度上会表现出和普通用户行为很大的不同，称之为时间比例异常行为。

例如，水军行为往往具有很强的时间集中性，从时间分布上会体现成在某几个特定时间段内甚至某几个特殊时间点上出现数据量的异常高值，且其同时占据数据总量极高的比例，而且爆发性发布的数据除了数量上的异常，往往会伴随大量的重复文本。

又比如，数据爆发的时间不符合日常普通用户的网络行为习惯，对于这种现象如果再辅以其他维度的判断，也可以对水军行为进行有效的识别。

其主要原因是控制水军的往往不是普通用户而是大量机器，其无法准确的模仿人类通常的网络行为，只能通过大量机器自动刷内容的方式煽动群众、引导群众。

（3）来源维度分析：社交媒体上发布的内容一般会带有其来源设备的信息，可以通过对来源设备分布比例的分析判断水军参与的程度。

由于水军通常通过机器模拟，而非使用普通用户经常使用的网页端、手机端在社交媒体上发布内容。因此从来源设备比例上，会产生一定的反常现象。

例如在单一事件中，来源设备的数据如果集中在某小众品牌手机或者某古老手机型号时，基本可以判断该事件有水军参与的成分。另外，一旦来源设备中出现大量皮皮时光机，也可以明确判断其中有水军的参与，因为皮皮时光机是一种第三方微博管理应用工具，可以实现定时发布微博、定时转发新浪微博等功能，是水军常用的微博发送工具，普通用户几乎不会使用。

二、召回舆情中的谣言传播及辟谣

古语有曰，“防民之口甚于防川”。一句很简单的话却深刻地体现出了舆情的重要性。在信息传递极其不便的古代，舆情信息就相当于一条大江，那么在当代互联网技术的快速发展，尤其是自媒体的快速普及，使得每个人都成为自主的新闻发言人和新闻传播者，若不当言论被当成科普知识或结论在互联网上被广泛传播并接纳，其造成后果不堪设想，谣言类的舆情对召回舆情的影响是极为恶劣的。

1. 谣言的特征

在自媒体端，对大量被微信用户举报为“诈骗和虚假消息”次数最多的公众号文章进行文本分析后可以得出谣言类消息具备以下特点：大部分谣言会涉及人身安全、食品安全、疾病养生三大主题；偏好使用“100%”“第一”等夸大性形容词并配以图片唤起读者的恐惧情绪；消息源往往专业性不强，且与所述主题相关性差。谣言散布者会通过数字和图片这类“不容否定的证据”配以“致命、有毒”等严重后果，引发公众的负面情绪。利用公众“宁可信其有，不可信其无”的心理激起保护重要亲友的强烈欲望，以达到诱导读者帮助传播谣言的目的。

2. 如何辟谣

对于问题汽车和问题消费品舆情而言，相关消息往往具有威胁人身安全甚至危及生命的特点。所以一旦这类产品出现谣言性消息，会有极高的概率在舆论环境中引起病毒式的传播，从而对企业声誉造成不可磨灭的打击，给企业的未来蒙上阴影。

因此，企业针对这类消息的辟谣工作则显得尤为重要。但相比谣言，辟谣信息的传播无论广度和深度都相差甚远，所以面对谣言，企业首先要做到尽早发现、尽早控制和尽早回应，在谣言传播的萌芽期对其进行遏制。此外，企业在对谣言进行回应时应当秉承坦诚和负责的态度，针对造谣的关键点用事实性证据予以回击，不要给造谣者进行二次抹黑的漏洞和机会。

总体上看，谣言为了吸引眼球获得点击，常常夸大其词，故意唤起人们的不安与恐惧。不过，每条谣言的产生都有其社会背景与心理动机，因而谣言并不完全是“洪水猛兽”，某种程度上看，它甚至是社会的“晴雨表”。因而，了解谣言、减少谣言、防范谣言是十分有价值的事情。而提高信息透明度和主流舆论覆盖度，解决人们切实担忧的问题，提高人们的科学素养和媒介素养，使人们真正拥有安全感和信任感，才是治理谣言和粉碎谣言的根本方法。

三、召回舆情传播影响力评估

随着互联网的普及和在线社交网络的发展，舆情的应用者可以获取丰富的历史数据，并对舆情中的信息传播进行分析、预测和应用。相较于电台、报纸、电视等大众传媒广播方式，社会网络中的信息传播具有“口口相传”的效应，更容易被人们所信任，尤其是微博，作为一种新型的社交媒介，对于微博内容的传播影响力评估更客观和科学。

这里引用了“召回舆情传播影响力评估”这一概念，以信息传播中留下的网络痕迹作为主要依据，从信息传播的广度、受众深度和媒介权重三个方面来衡量不同事件在互联网领域的传播影响力。召回舆情案例的传播影响力分析的基础是数据挖掘，在大数据存储库中，自动提取产品质量相关的网络舆情信息，并进行信息的预处理，信息预处理的目的是将未加工的信息转换成适合分析的形式。信息预处理涉及的步骤包括信息聚类、信息去冗余、主题标签化、产品分类、故障等级分类等，信息预处理可以保证数据标准化，提高信息的黏度，便于后期应用和提取。

1. 召回事件舆情传播的广度

事件传播广度（Wide Factor）是指事件传播的吸引和集聚受众注意力的维度，媒体通过各种平台的报道扩大其影响范围，事件能够在多大程度上引起受众的注意，能够吸引多少受众的注意和接触，这是形成传播影响力至关重要的一个环节，衡量这一环节的指标就是受众规模。如在网络媒体端，信息传播广度涉及的指标主要为百度指数和信息的阅读数量。在微博平台上事件的传播广度涉及的指标包括粉丝数、原创微博数、转发微博数等。

2. 召回事件舆情传播的深度

事件的传播深度（Deep Factor）是指受众对事件的接受程度。用户会根据自己的需求对传播信息进行选择性地理解、记忆，受众对事件的接受程度越高，说明事件的影响力越大。如在微博平台及网络媒体的受众深度涉及的指标包括转发数、评论数等。

3. 召回事件舆情传播媒介的权重

媒介的影响力（Medium Factor）是媒体单位为达成其经营目标或完成其使命不可或缺的要素。没有影响力的媒介，既不会有生存的空间，也没有生存的必要。同时，各媒介由于社会资源、品牌战略、文化理念、信息资源、专业背景、受众层次、公信力等不同，因此传播影响力也各不相同。媒介权重指标是传播影响力的重要参考依据，媒介的传播影响力取决于两大因素：一是媒介内容本身对受众的影响，二是媒介品牌对受众的影响。在媒介内容和品牌之间是存在着正向互动效应的，在媒体传播信息的同时，代表该媒介对信息内容的认可，真实的信息内容有助于提高媒介的品牌影响力，而品牌媒介也会对增加受众对其媒介内容的信服程度。目前，传媒行业对于网络媒体的影响力定量指标包括：百度权重、ALEX 排名、网站 PR 值、点击量、原创转载率等指标。

在进行媒体信息传播属性研究中，比较注重于媒介的权威性和公信力，但我国对于媒介的影响力评价方式尚无标准的定义，有根据原创转载量进行评估，有根据媒介主体资源进行评估，有根据网站的受众规模进行评估等方式。本研究的媒介权重主要依据两个，一是内部媒介权重指数，二是公众传媒对媒体权重的评估指数。

内部媒介权重是通过对网络舆情信息的传播的载体进行媒介融合，将媒体资源根据媒介权威性、公信力、专业背景的不同分为官方媒体、门户网站、专业论坛三类，不同类别媒体的权重指数不同，同一类别的媒体由于报道特点、专业程度、信息可信度的不同，因此其权重指数也各不相同。同时对各类媒体在汽车召回领域发表的原创文章数量进行分层加权评估并赋值，形成内部媒体热度指数，最后通过媒介的权重指数及媒体热度指数两个指标形成内部的媒介权重。

在媒介权重指标中还会依据第三方网站查询站根据自身的算法

得出的数值作为参考，第三方网站的算法数值主要涉及网站的原创质量、网站外链的推广度、网站年龄、更新频率、收录数量等因子。最后通过媒体权重指数结合第三方给出的数值计算出本研究的媒介权重值。

4. 召回事件舆情传播的影响力

从事件的传播广度、深度和媒介权重三个角度来对事件的传播影响力进行客观评估，就可以合理的评估事件的影响力大小。

对于传播影响力模型的广度因子和深度因子，评价维度上主要从微博平台的粉丝数、转发数、评论数，网媒平台的百度指数、权威指数以及新增微信平台的发文数、浏览量、点赞数这三个平台的多个维度来衡量。

以新浪微博平台的事件传播影响力评价为例，能够反应广度因子的指标有该事件的相似新闻数和微博用户的粉丝量。能够反映深度因子的指标有转发数和评论数。通过对这四个指标量进行数据标准化，将其转换为一定区间内的标准化量，从而得到评价事件传播影响力的广度因子和深度因子。微信平台可同样从广度和深度做类似的操作，其中主要评估的是反映文章热度的浏览量和反映文章受认可程度的点赞数两个参数。

该模型将传播广度、传播深度、媒介权重进行融合，定义事件信息传播影响力为所有同类消息发布一段时间后，事件传播广度、事件传播深度和事件报道的媒介权重加权求和。本模型的评价方法为一种针对产品特定缺陷信息的数据处理方法，通过将输入指令中包含了产品的品牌、型号以及故障类型的关键词进行映射处理，获得对应关键词集合，方便在不同的网络媒体平台上进行信息搜索，扩大了用户发布信息的采集范围，避免信息遗漏。之后，依据所述关键词集合，在多个网络媒体平台上分别获取各自的信息集合，增加了用户可以用于评估的信息来源。从多个网络媒体平台的信息集合中分别确定出各自对应的网络影响力指标向量集合，进而实现了在无须人工参与的情况下完成对用户发布信息的自动聚集、分析和计算功能，得出可量化的网络影响力评估指标，达到了针对不同网络媒体平台制定不同评估指标的目的，解决了因评估指标单一而导致的评估指标与多个信息源匹配度较差的问题，同时降低了计算得出的事件网络影响力值的偏见性，使其能够较为真实地反映出某类具体缺陷产品事件在网络传播中所形成的影响力大小。

第三章

召回舆情在缺陷分析中的应用

CHAPTER3

开展网络舆情监测工作在召回管理业务中占有举足轻重的作用，由于企业需要时刻了解其产品在网络上出现负面或产品质量相关问题的信息；由于监管部门需要了解整体产品质量状况，因此召回舆情信息在缺陷分析和应用中需要满足时效性、精准性、全面性和可研判性等需求，舆情信息常见的应用格式包括舆情日报、周报、月报、年报、重点舆情时时报、专项舆情分析报告、传播影响力评估预警和综合信息会商案例辅助评估等。

第一节 召回舆情通报机制

对于采集到的召回舆情信息，其最重要应用途径就是进行信息的通报，常见的舆情通报形式根据报送时间、内容不同，分为召回舆情日报、周报、月报、年报、实时报送以及专项监测报告等。

在召回舆情进程中，同一事件进展处于不同的阶段其对于舆情信息的时效性、专注度、分析维度也不尽相同，不同事件在当下其社会影响力、事故发生概率、故障严重性等都是召回舆情的关注点。因此召回舆情根据不同的需求，形成了不同通报机制。

一、召回舆情日报

召回舆情日报的主要目的是快速了解每日与产品质量和安全相

关舆情的最新动态，对于目标关键词涉及的新闻能够准确、全面的汇总集合，舆情日报通常为舆情监测系统于每日固定时间以 Excel 表格形式或者表格内容萃取形成的固定模板的报告通过邮件进行自动发送的方式。召回舆情监测日报中涉及的字段项包括序号、新闻标题、发布时间、正文内容、来源地址、来源网站、新闻涉及关键词以及相同标题新闻数量，共八个字段项，采集到的信息能满足每日快速浏览相关舆情的需求，日报为了优先满足时效和快速的特点，通常不做人工排重和去噪。因此，日报这种快速通报中舆情信息的精准度相对较差，有效舆情数据只占全部信息的 30% 左右。日报格式如图 3-1 所示。

舆情监测—日报							
序号	标题	时间	内容	地址	来源	关键词	同标题量
1	消保委测试儿童学习桌椅:2平方米、鑫嘉鼎等易	2018-09-03	召回等补救措施。榜	ontent/2018-	中国质量新闻网	召回	3
2	吓人!汽车当街起火爆燃,现场浓烟滚滚...	2018-09-03	据中汽协数据显示,令	0bz-AXIvZZ	汽车生活圈	车 爆	0
3	有30%不合格!这样的鞋你家娃每年都可能穿一	2018-09-04	新监督抽查结果显示	H7xYqp--icQ	红领巾集结号	产品 质量	2
4	开学后,安全隐患需防范,家长们注意了	2018-09-03	育儿干货各地中小学	iniD9RQky4	邦才学堂	安全 隐患	0
5	广名爵HS成都车展公布预售价 30T车型预售价1	2018-09-03	面设计和光影肩线设	app/fashion/	扬子晚报网	车 报警	3
6	福硬气了，新车为扳倒GL8，仅售10万元奥德赛	2018-09-04	高速的时候，会感觉	.com/a/1809	东方网	车 爆	0
7	败SUV！上市直言完爆哈弗H6，如今月销151辆	2018-09-04	的阴霾，牢牢占据了	.com/a/1809	东方网	车 爆	0
8	男子空手套白狼 假扮工厂老板行骗	2018-09-03	板"打了好几个电话	.cn/2018-09/	中国台州网	车 报警	0
9	市场大爆发,互联网+车主服务生态圈体系或将	2018-09-03	T、支付宝、京东、	.com/a/1809	东方网	车 爆	0
10	安全标语设置不全存在安全隐患	2018-09-04	8月29日下午，检	tml/2018-09	法制时报	抽查	0

图 3-1 召回舆情日报

近来移动办公的手段逐渐增强，依靠手机端开展信息通报的应用越来越广泛，如有舆情推送和查询功能的微信服务号智能服务的“知微情报”舆情告警服务平台，如图 3-2 所示，该服务平台能够在手机端查看每日召回舆情关键词出现频率排名以及关键词所对应的召回舆情内容、信息发布时间等，方便工作人员对召回舆情进行实时的监控工作，同时关键词的出现频率排名也清晰的指明了当前舆论热点。

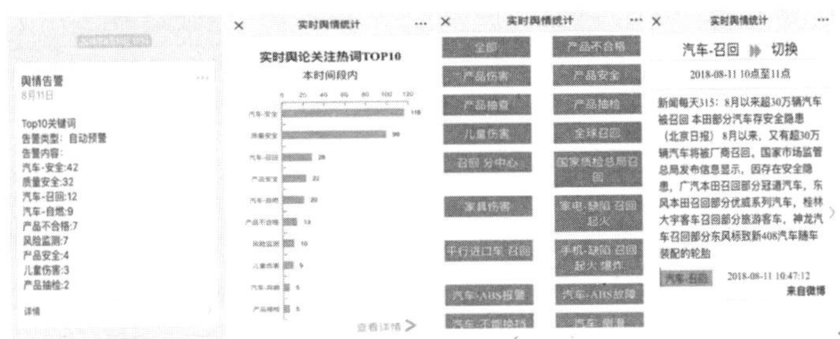

图 3-2 舆情告警服务平台

召回舆情日报的主要目的是要快速、全面地了解整体舆情内容，因此舆情监测系统会在无人工参与的情况下根据关键词内容完成对网络媒体信息的自动去噪、相似新闻聚合等原则完成筛选工作，这对于后续通报和应用人员来说会增加信息分析研判的工作量，因此，召回舆情日报的主要作用还是集中于时效性和根据关键词的主题分类来了解热点事件。

二、召回舆情周报

召回舆情周报是当周内进行了标签化整理的所有舆情信息的集合。和日报类似，系统会依据有关关键词在网媒、论坛、微博和微信平台上对周期内的所有数据进行采集、去噪和归类统计等工作，随后辅以人工参与对数据进行校验、二次排查和汇总整理工作。周报一般分为六大部分：汽车新闻类舆情、汽车微博类舆情、汽车微信类舆情、消费品新闻类舆情、消费品微博类舆情和消费品抽检类舆情。以汽车微信类舆情为例，如图 3-3 所示，该部分具体展现的数据维度包括时间、标题、主题分类、来源、链接地址、相似新闻条数、阅读量、点赞数、标签（厂商、品牌、车型、故障总成和分总成等）。

时间	标题	主题分类	来源	链接地址	相似新闻条数	阅读数	点赞数	厂商	品牌	车型	故障总成	分总成
2018/8/29	独家!威马EX5试制车“自燃”,疑似是	质量投诉	车聚网	http://mp.weixin.qq	5	15761	39					
2018/8/28	半夜路虎自燃,车主惊醒逃命|聚闻	质量投诉	车聚网	http://mp.weixin.qq	1	2604	24					
2018/8/31	延吉街头一车自燃并殃及旁边两车.....	质量投诉	交通文艺广	http://mp.weixin.qq	1	1250	4					
2018/8/30	【海外资讯】FCA全球召回近21万辆	行业动态	汽车工业	http://mp.weixin.qq	1	113	0					
2018/8/24	马牌轮胎开裂遭集中投诉 当心重蹈	行业动态	车风云	https://mp.weixin.qq	1	9210	147					
2018/8/25	路虎车主全国维权,呼吁“远离路虎,珍	质量投诉	汽车行业关	https://mp.weixin.qq	1	49298	101					
2018/8/23	今天，请大家给沃尔沃一个形容词	行业动态	039汽车天	https://mp.weixin.qq	1	3104	24					
2018/8/21	厉害了!奔驰4S店维修做手脚欺瞒,车主	质量投诉	汽车行业关	https://mp.weixin.qq	1	7361	21					
2018/8/26	内部资料泄露,话题制造王特斯拉Mod	质量投诉	车聚网	https://mp.weixin.qq	1	2198	20					
2018/8/22	又双叒疑自燃!遭集体起诉!召回超180	行业动态	中国汽车报	https://mp.weixin.qq	1	6309	8					
2018/8/20	东风标致汽车又自燃：高速行驶中车头	质量投诉	行业情报家	https://mp.weixin.qq	1	221	1					

图 3-3 召回舆情周报

相比较于召回舆情日报，周报的主要目的是了解本周期间内召回舆情的整体态势，因此需要进行信息主题分类，常见的主题有三类，即召回新闻类舆情、质量投诉类舆情、行业动态类舆情。召回新闻类舆情主要是指最近一段时间已经发布召回公告的召回信息的传播情况以及媒体反馈情况；质量投诉类舆情是关于产品质量和安全相关的投诉和事故新闻；行业动态类舆情是指产品质量相关的标准、法律法规、会议论坛和技术更新等内容的新闻。在召回舆情周报中，期望能通过不同主题舆情的分类，比较有时效性的了解一段时间的召回舆情整体情况和具体内容。

三、召回舆情月报

召回舆情月报是对在一个月内所有召回舆情信息进行汇总整理、总结分析形成的内容和报告。在监测数据上，月报数据是该月内周报数据的集合，涉及的数据维度和分类方法与周报相同。除此之外，由于一个月内积累的数据具有更高的可靠性和稳定性，月报内会根据有关数据提炼出的每个事件在舆论环境中传播的广度和深度并进行权威的计算和量化，随后整合成指数形式进行体现。该指数用以度量单一事件在全网环境的影响力高低，被称为事件传播影响力指数，如图 3-4 所示。

时间	标题	主题分类	来源	网站类型	链接地址	相似新闻条数	百度权重	传播影响力值	厂商	品牌	车型	故障总成	分总成
2018/8/7	宝马就27辆汽车在韩自燃事件致	行业动态	腾讯	门户网站	http://op.i	130	8	38					
2018/8/10	因机油、刹车等问题 东风本田召	召回新闻	易车网	专业类网站	http://new	105	9	35					
2018/8/3	因存在致癌金属 大众或召回12.4	召回新闻	新华网	政府类	http://ww	85	7	31					
2018/8/22	内部资料被泄露，特斯拉86%的	行业动态	凤凰汽车	专业类网站	http://autc	22	8	31					
2018/8/8	因轮胎问题 东风标致召回部分新	召回新闻	凤凰汽车	专业类网站	http://autc	87	5	31					
2018/8/29	因半轴装配缺陷 17632辆众泰云	召回新闻	新浪汽车	专业类网站	http://autc	87	7	30					
2018/8/14	韩国禁止2.7万余辆宝马问题车上	行业动态	人民网	政府类	http://wor	68	6	27					
2018/8/8	7月汽车投诉排行榜前十名，其中	行业动态	搜狐汽车	专业类网站	http://autc	57	7	25					
2018/8/16	特斯拉告密者公布缺陷车辆识别	行业动态	新浪汽车	专业类网站	http://autc	48	7	23					
2018/8/18	路虎上海总部被攻陷，车主集体	行业动态	易车网	专业类网站	http://new	33	9	20					
2018/8/3	韩媒:宝马在韩接连失火 车主维权	行业动态	中国新闻网	综合网站	http://ww	34	7	19					
2018/8/5	本田冠道存在刹车失灵缺陷，已	召回新闻	易车网	专业类网站	http://new	25	9	19					
2018/8/16	新能源可别带来新污染 汽车动力	行业动态	新华网	政府类	http://ww	27	7	17					

图 3-4　召回舆情月报

召回舆情月报主要关注质量投诉类主题的相关舆情，通过一段时间的数据积累，能够较为准确地对信息的传播影响力进行评估、研判，分析海量舆情中可能存在缺陷和安全隐患的舆情事件，为后续综合信息会商、舆情提供准确的案例及信息传播轨迹。同时，根据召回舆情月报的信息内容形成固定的信息发布模板，自动统计出来关于整体舆情数量、不同主题的舆情分布占比、热点投诉产品或企业的排名以及热点问题的具体媒体报道情况、问题严重情况和社会风险等，如图 3-5、图 3-6 所示。

RECALL INFORMATION

国内外召回信息

国内召回情况

各国召回动态

缺陷信息投诉与舆情监测情况

舆情信息摘选

34 召回舆情精选
34 北美本田 CR-V 机油增多车主表示不在乎，因为质保 16 万公里
35 长安决定召回升级 ECU 之后，CS75 车主也不甘落后开始了退车维权 !!
36 冠道车主集体维权要求召回 官方：暂时没有召回计划
36 由于方向盘存隐患 现代召回 43941 辆在美国销售的汽车
37 iPhone X 又出新问题 低温下闪光灯失效
37 北京现代途胜机油增多致车辆故障惊人 厂家疑似隐瞒缺陷超过两年
39 3·15 新能源汽车质量调查：充电故障、电池衰减成投诉焦点
40 3·15 前夕车企开启召回模式 今年 3 个月内召回数量已超 280 万辆
42 车聚 3·15：只曝光途锐怎么够？这十位也该上榜
44 电动车安全全球技术法规通过，我国主导权提升
44 CS75 召回是否有效？车主与长安汽车看法分歧
47 "高田气囊"之后"哑巴气囊"出现，全球已造成 4 死 6 伤！
48 发动机舱全是泥，广汽丰田八代凯美瑞陷入"泥浆门"
49 机油增多尚未解决 又见渗油 长安 CS75 难令车主安心
50 规范和做好召回管理工作 保障消费者人身财产安全《缺陷进口消费品召回工作细则》正式执行
51 易车 - 君迪调查：中国车主对主动实施召回的汽车品牌有好感

图 3-5　召回舆情月报样例

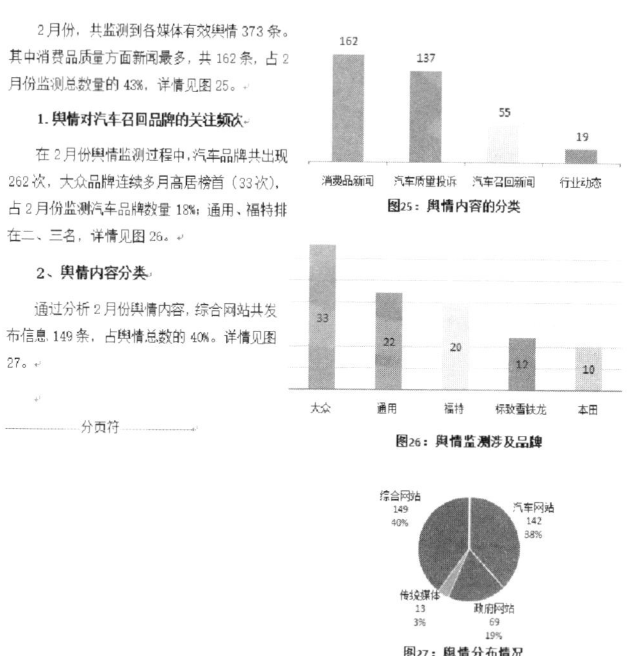

2月召回舆情信息简报

2月份，共监测到各媒体有效舆情 373 条。其中消费品质量方面新闻最多，共 162 条，占 2 月份监测总数量的 43%，详情见图 25。

1. 舆情对汽车召回品牌的关注频次

在 2 月份舆情监测过程中，汽车品牌共出现 262 次，大众品牌连续多月高居榜首（33 次），占 2 月份监测汽车品牌数量 18%；通用、福特排在二、三名，详情见图 26。

2、舆情内容分类

通过分析 2 月份舆情内容，综合网站共发布信息 149 条，占舆情总数的 40%。详情见图 27。

分页符

图25：舆情内容的分类

图26：舆情监测涉及品牌

图27：舆情分布情况

图 3-6　召回舆情月报简报

四、召回舆情年报

召回舆情年报是对一整年的全部舆情信息进行汇总统计和总结分析形成的数据汇总及分析报告。年报的数据是由该年度内月报数据的集合，年报对数据时效性的要求不高，更侧重于舆情信息整体变化趋势，重点事件传播规律等内容。因此召回舆情年报通常用于年度数据统计及总结应用，年报的形式包括年度内召回舆情信息汇总（如图 3-7、图 3-8 所示）、年度影响力事件排名及分析报告、年度内召回舆情引发缺陷产品召回的贡献率等。

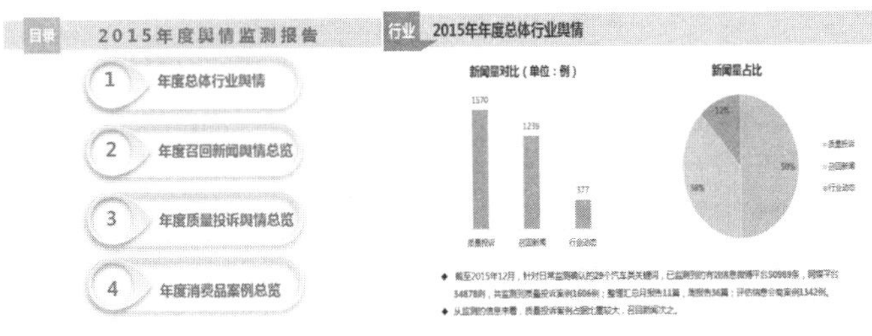

图 3-7　召回舆情年报总览

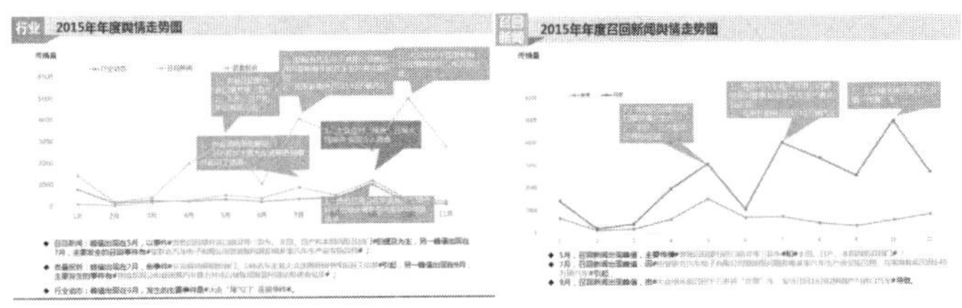

图 3-8　召回舆情年报舆情走势

五、召回舆情时时报

召回舆情时时报是针对专项事件开展的定时舆情发送报告机制，目前采用“知微情报”舆情告警服务平台提供的服务，针对舆情专项事件于每日上午和下午固定时间接收关于该事件的全部关键词舆情信息，事件采集的范围包括网络媒体、专业论坛、微博、微信公众号。知微情报召回舆情时时报界面如图 3-9 所示。

时时报主要需求为短周期内了解网络中关于专项事件的全部媒体报道，提取舆论观点及传播轨迹。除时时舆情监测信息播报功能外，在该服务平台上，使用者能浏览关键词出现的频次最高的关键词排名柱状图，如图 3-10 所示，点击任意关键词的柱状图即可查看该时段内所有舆情信息。

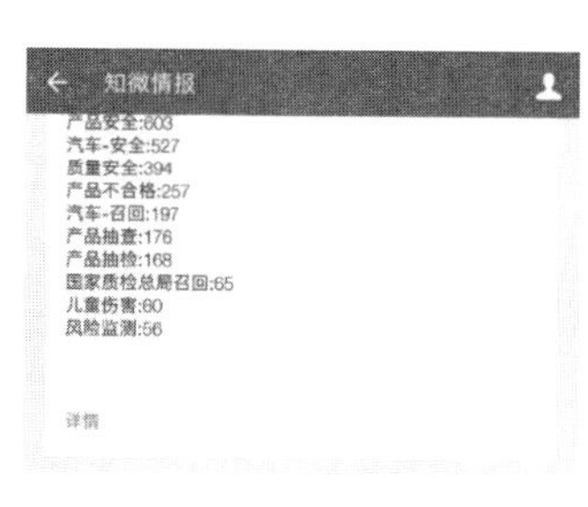

图 3-9 召回舆情时时报界面

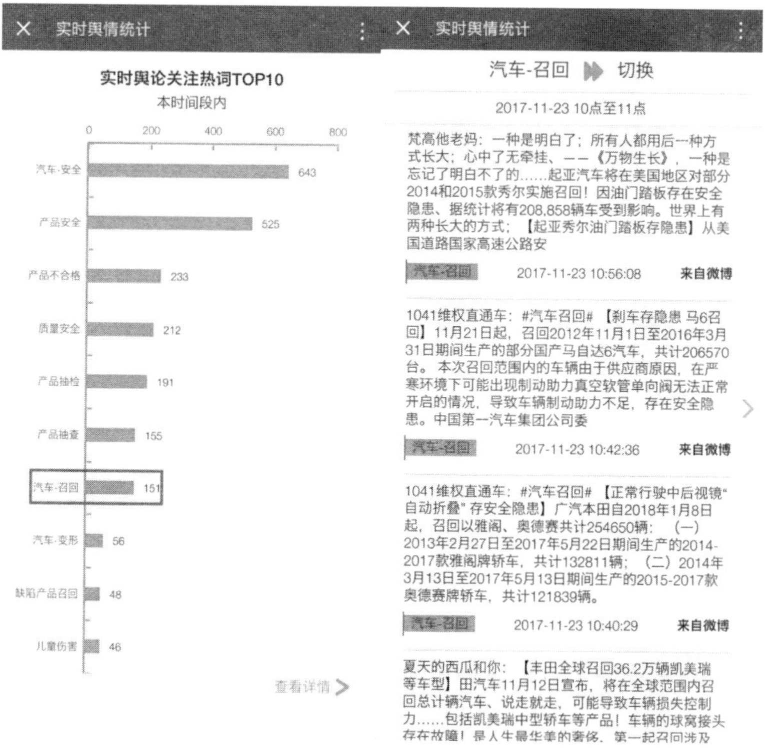

实时舆情统计

实时舆论关注热词TOP10

本时间段内

热词	数量
汽车-安全	643
产品安全	525
产品不合格	233
质量安全	212
产品抽检	191
产品抽查	155
汽车-召回	151
汽车-变形	56
缺陷产品召回	48
儿童伤害	46

查看详情 >

实时舆情统计

汽车-召回 切换

2017-11-23 10点至11点

梵高他老妈：一种是明白了；所有人都用后一种方式长大：心中了无牵挂、——《万物生长》，一种是忘记了明白不了的……起亚汽车将在美国地区对部分2014和2015款秀尔实施召回！因油门踏板存在安全隐患，据统计将有208,858辆车受到影响。世界上有两种长大的方式：【起亚秀尔油门踏板存隐患】从美国道路国家高速公路安

汽车-召回 2017-11-23 10:56:08 来自微博

1041维权直通车：#汽车召回# 【刹车存隐患 马6召回】11月21日起，召回2012年11月1日至2016年3月31日期间生产的部分国产马自达6汽车，共计206570台。本次召回范围内的车辆由于供应商原因，在严寒环境下可能出现制动助力真空软管单向阀无法正常开启的情况，导致车辆制动助力不足，存在安全隐患。中国第一汽车集团公司委

汽车-召回 2017-11-23 10:42:36 来自微博

1041维权直通车：#汽车召回# 【正常行驶中后视镜"自动折叠"存安全隐患】广汽本田自2018年1月8日起，召回以雅阁、奥德赛共计254650辆：（一）2013年2月27日至2017年5月22日期间生产的2014-2017款雅阁牌轿车，共计132811辆；（二）2014年3月13日至2017年5月13日期间生产的2015-2017款奥德赛牌轿车，共计121839辆。

汽车-召回 2017-11-23 10:40:29 来自微博

夏天的西瓜和你：【丰田全球召回36.2万辆凯美瑞等车型】田汽车11月12日宣布，将在全球范围内召回总计辆汽车、说走就走，可能导致车辆损失控制力……包括凯美瑞中型轿车等产品！车辆的球窝接头存在故障！是人生最华美的奢侈，第一起召回涉及

图 3-10 召回舆情时时报总览

在舆情时时报的信息浏览页面使用横向滑动操作可以浏览不同时段（单位为小时）的舆情信息，点击任意一条信息即可跳转到该信息的地址浏览其详情，如图 3-11 所示。另外，点击图中标注的“切换”按钮进入筛选标签集合页面，在该页面内可通过点击其他关键词标签便捷的切换浏览不同关键词的相关舆情页面，方便操作者从各个维度读取信息。

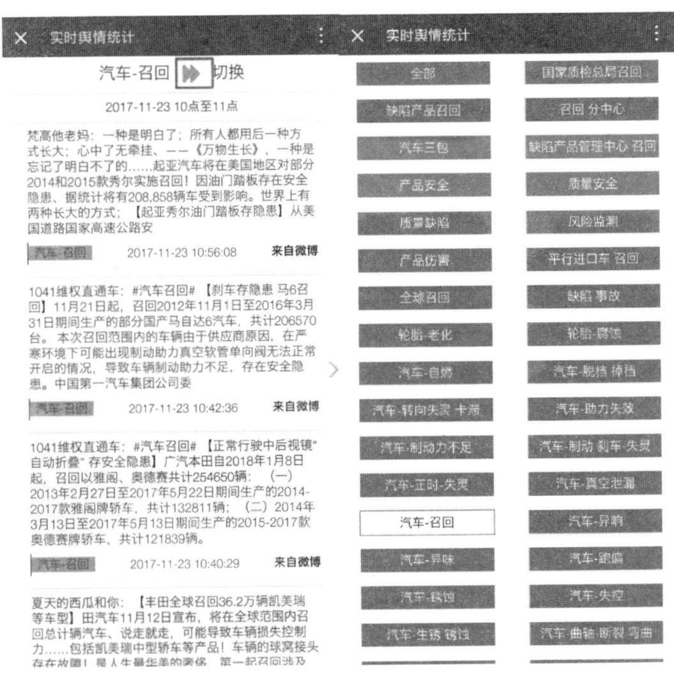

图 3-11　召回舆情时时报的舆情统计展示

六、召回舆情分析报告

召回舆情分析报告是召回舆情通报中传达范围最广、内容表达最为直观的通报方式，通过对全网和定向网站中的新闻、论坛、博客、微博、公众号等网络媒体监测评价，对召回相关舆情的事件起因、传播数量、传播载体、传播路径、发展规律、舆论演变以及应对策略等多角度进行分析。召回舆情专项分析报告的类型可以归纳为三类：常规型分析报告、专题型分析报告和综合分析报告。具体召回舆情专项分析报告详见本书第四章的主要内容。

1. 常规型分析报告

常规型分析报告也称定期分析报告或进展分析报告，主旨是针对发生事件一段期间内的信息统计、观点研判、传播属性为主要依据，辅以其他必要的资料，对长周期事件的全部状况（规模、进展、反馈等）以及影响发展进度的原因进行客观分析后，编写成文字报告。常规型分析报告主要应用于长周期的缺陷调查案例、企业召回效果评估等方面。

2. 专题型分析报告

专题型分析报告通常是针对影响较大的突发事件，对事件相关主题进行 7×24 小时实时监测，全网搜集舆情信息，通过定量定性分析、抽样统计、归纳对比等手段，结合网络舆情传播规律，总结事件过往、分析当前舆论状态并研判未来发展趋势。

3. 综合分析报告

综合分析报告包括年度数据分析报告、行业分析报告、产业运转情况报告等。通常为宏观的事件的分析，如年度热点排行、汽车召回舆情分析报告、自行车快拆杆质量提升行业分析报告等。

第二节 召回舆情在综合信息会商中关联分析应用

产品综合信息会商是对产品质量与安全相关的多源信息进行筛选分析、标签标注、聚类关联、合并汇总形成会商案例库，案例通过专家会商会议的方式，综合考虑会商案例库中案例的信息数量、变化趋势、故障程度、社会风险等因素，对相关案例缺陷可能性进行等级判定的工作。目前，综合信息会商包括汽车产品缺陷综合信息会商和消费品缺陷综合信息会商两部分业务。

一、汽车产品缺陷综合信息会商

汽车作为一种交通工具，在民众日常生活的“衣、食、住、行”中的分量越来越重，车辆是否安全可靠是人们关注的焦点，同样这个由成千上万个零部件组成的复杂产品是否存在缺陷也是质量监管部门开展工作的主要对象，由此开展了汽车产品综合信息会商工作。汽车产品综合信息会商（简称“汽车信息会商”）是对缺陷报告信息、技术服务公告、网络舆情监测信息、境外召回备案信息、境外召回监测信息、国内召回信息及其他信息进行聚类形成疑似缺陷案例，基于多渠道质量安全信息进行关联分析评估案例为缺陷的可能性。从信息的流程来说分为信息采集、信息初步分析、信关联分析、疑似缺陷案例评估这四个重要环节，如图 3-12 所示。

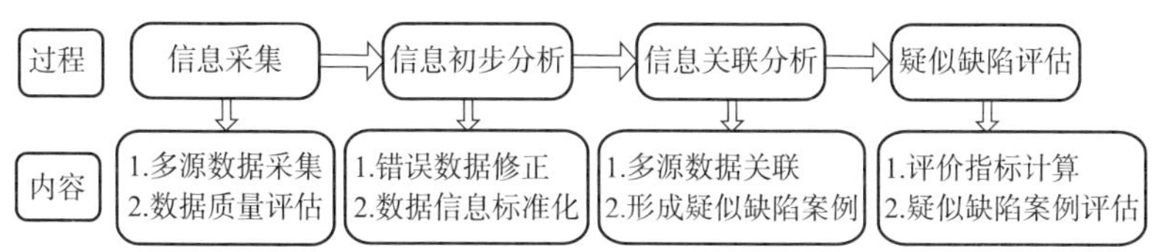

图 3-12　产品综合信息会商流程

1. 信息采集阶段

目前，缺陷产品管理中心采集获取的产品质量安全信息分为七类，包括疑似缺陷报告信息、技术服务公告（TSB）、网络舆情监测信息、境外召回备案信息、境外召回监测信息、国内召回信息以及其他信息，在获取相关信息后需要对信息的完整性、有效性以及是否重复进行评估来剔除无效信息。

（1）疑似缺陷报告信息

缺陷报告信息是指消费者向产品质量安全监督管理部门提交的关于汽车产品可能存在缺陷的报告，包括车辆信息、缺陷描述信息和车主信息三个方面。

（2）技术服务公告（TSB）

技术服务公告（TSB）是汽车生产者向其经销商、维修商下达的关于指导产品维修、服务、技术变更等工作的管理文件，包括：面向特定和非特定车型范围的车辆，维修和零部件更换的活动通知或文件；质量索赔规范文件、常见故障的诊断维修方法等。

（3）网络舆情监测信息

网络舆情监测信息是指通过舆情监测系统收集到的互联网中与汽车产品质量和安全相关的信息。舆情监测的范围包括网络平台、汽车行业论坛、微信公众号和新浪微博四个渠道。在会商中网络舆情信息来源为召回舆情月报中的主题为质量投诉类和行业动态类的信息。

（4）境外召回备案信息

境外召回备案信息是指疑似在中国市场进行销售的车型或类似车型在境外进行召回的信息，或可能与在中国生产 / 销售的车型采用通用零部件时，不论车型是否已在中国市场进行过召回的信息。内容包括：境外召回的车型或类似车型可能在中国市场进行销售的信息；可能与在中国生产 / 销售的车型采用通用零部件时，不论车型是否已在中国市场进行召回的信息。

（5）境外召回监测信息

境外召回监测信息是指中心监测到的境外汽车产品召回主管机构官方网站发布的召回信息。监测范围包括：美国、德国、英国、欧盟、澳大利亚、日本、韩国 7 个国家或地区。

（6）国内召回信息

国内召回信息是指汽车生产者已向国家市场监督管理总局提交召回备案材料并在其网站公开发布的国内召回信息。

（7）其他信息

其他信息是指用户来访、信函举报、来函转办等缺陷报告信息。

2. 信息初步分析

信息采集阶段获取的多源产品质量安全信息的数据内容、数据结果均不一致，无法高效地开展数据关联分析。在对多源产品质量安全信息进行关联分析之前，需要对数据信息进行初步分析，即数据标准化处理。信息初步分析是对采集获取的疑似缺陷报告信息、技术服务公告（TSB）、网络舆情监测信息、境外召回备案信息、境外召回监测信息、国内召回信息和其他信息等多源产品质量安全信息，根据《车辆故障严重性等级表》进行标签标注，将数据进行标准化处理。《车辆故障严重性等级表》是根据历史缺陷报告和召回信息、汽车结构及工作原理等，总结得到的汽车产品典型故障表现以及严重度等级知识库，主要包括故障总成、故障特征、故障严重度等级以及故障特征相似表达形成，如图 3-13 所示。

一级总成	二级总成	标签	关键词	严重度等级
电气设备	喇叭	喇叭不响	喇叭 不响 按	较高
气囊和安全带	气囊	炸伤乘员	炸伤乘员 崩开 骨折 挫伤	高
转向系	方向盘	方向盘面板凹陷	方向盘面板 凹陷 面板凹...	低
传动系	DSG/DCT	线束插头腐蚀	线束插头腐蚀 线束腐蚀 ...	中
电气设备	车身模块	预碰撞系统误报警	预碰撞 预碰撞系统 误报 ...	低
制动系	液压行车制动	AEB主动刹车系统...	AEB 主动 主动刹车 不工...	高
电气设备	刮水器	相互干涉	雨刮器 刮水器 雨刮 打架 ...	较低
电气设备	充电系	发电机掉落	发电机 掉落 脱落 马达 起...	高
车身	座椅	主动安全头枕失效	主动 安全头枕 失效 头枕 ...	高
附加设备	机械	牵引杆松脱	牵引杆 紧固 螺距 拖拽 松...	高

图 3-13　车辆故障严重性等级表

基于《车辆故障严重性等级表》中故障总成、故障标签、故障关键词以及产品质量安全信息中关于故障的描述信息，通过自然语言处理技术（NLP）对比文本信息进行比对，对产品质量安全信息智能推荐标签，如图 3-14 所示。

图 3-14　基于自然语言处理技术的标签推荐

数据分析工程师基于自然语言处理分析结果，对产品质量安全信息标签进行校对，处理结果如图 3-15 所示。通过产品质量安全信息标准化处理，为开展信息关联分析提供数据基础。

缺陷投诉信息

缺陷信息编号	品牌	一级总成	二级总成	缺陷标签
QC2018080726	哈弗	传动系	自动变速器	DSG/DCT 异响
QC2018080725	Volvo（沃…	传动系	DSG/DCT	DSG/DCT 动力传递中断
QC2018080723	Mercedes-…	传动系	自动变速器	自动变速器 顿挫
QC2018080722	上汽通用…	传动系	自动变速器	自动变速器 顿挫
QC2018080721	东风雪铁龙	电气设备	空调	空调 空调效果不良
QC2018080720	马自达	转向系	转向传动…	转向传动装置 异音
QC2018080718	华晨中华	发动机	汽油发动机	汽油发动机 范围外、问题一致
QC2018080717	比亚迪	传动系	自动变速器	DSG/DCT 抖动
QC2018080714	长安福特	发动机	汽油发动机	汽油发动机 油箱负压
QC2018080713	马自达	转向系	电动和电…	转向传动装置 异音
QC2018080711	江铃福特	发动机	柴油发动机	柴油发动机 低速熄火（不能再启动）
QC2018080712	传祺	传动系	自动变速器	自动变速器 自行脱档

图 3-15　产品质量安全信息标签标注

3. 信息关联分析

信息采集阶段获取的不同来源产品质量安全信息之间可能存在关联，例如：针对面向消费者采集获取的 5 例疑似缺陷报告问题，汽车生产者已经提交技术服务公告，同时网络舆情监测到相关网络报道，因此上述情况下就需要对疑似缺陷报告、技术服务公告以及网络舆情进行关联。信息关联分析就是对标注标签的缺陷报告信息、技术服务公告（TSB）、网络舆情监测信息、境外召回备案信息、境外召回监测信息、国内召回信息及其他信息，按照信息中“生产者名称”“车型品牌”“车型系列”“故障总成”“故障标签”等属性，将所有信息进行聚类，形成疑似缺陷案例，如图 3-16 所示。

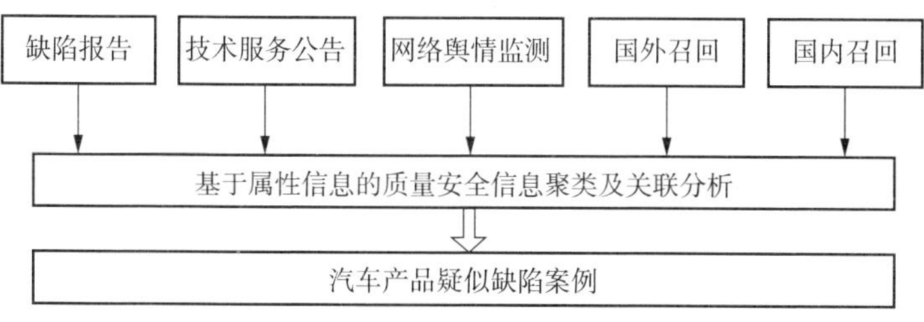

图 3-16　多源质量安全信息聚类及关联分析

根据缺陷的定义，缺陷判定需要明确故障是否涉及、制造和标识原因造成，故障是否为批次型问题以及故障是否涉及安全性问题等三个要素。根据疑似缺陷案例评价指标体系，疑似缺陷案例故障是否为批次型问题，判定评价指标包括：缺陷报告与销量比、故障网络传播影响力两项指标。缺陷报告销量比是基于消费者报告信息以及生产者备案信息计算得到；故障网络传播影响力是指该品牌系列车型特点故障类型互联网传播情况。在缺陷判定过程中，通过网络爬虫技术获取案例传播数据分析传播广度和深度，根据传播影响力评估模型计算案例的传播影响力分值，分值区间为 0~100 分，分值越高代表传播影响力越大。该指标作为故障为批次性问题判定的重要依据。

4. 疑似缺陷案例评估

疑似缺陷案例评估是指对汽车产品疑似缺陷案例为缺陷的可能性等级的专家评估。基于疑似缺陷案例的缺陷报告数量、销售数量、缺陷报告数量变化趋势、网络舆情影响力、故障严重度等级，综合市场技术服务公告、国内外召回信息等，对汽车产品疑似缺陷案例为缺陷的可能性分为“高”“中”“低”及“关闭”四类，为下一步开展缺陷调查提供数据支撑。例如，2017 年，国家缺陷汽车产品召回综合管理信息平台缺陷信息采集系统采集疑似缺陷信息报告

16910条，技术服务公告2787条，网络舆情信息16036条，国外召回1376条，来函信访等57条，通过对上述信息关联分析得到缺陷可能性为“高”等级的案例99个。全年受原国家质监监督总局调查影响召回共58次，其中，由于高田气囊问题导致的召回37次，道路交通事故深度调查引发召回1次，汽车产品综合信息会商案例引发召回20次，可以看出，汽车产品综合信息会商已经成为国家市场监督管理总局缺陷产品管理中心开展缺陷调查最主要的信息来源。

二、消费品缺陷综合信息会商

随着我国经济社会的快速发展，产品种类日益丰富，产品构造日渐复杂，消费品与人们生产生活密切相关，消费品的质量直接关乎每一个消费者的切身利益，不仅关乎身体健康甚至危及生命安全，而且还严重影响社会经济发展和效益提高。中国作为消费品生产大国，也是消费大国，据国家统计局的数据显示，2017年，我国社会消费品零售总额达366262亿元，比上年增长10.2%，其中商品零售额达326618亿元，占总零售额的89.2%。消费对经济增长的作用越来越凸显，成为扩大内需、促进经济转型发展的重要动力。然而，市场中存在的带有缺陷的消费品导致安全问题频发，严重影响了居民消费信心及人身保障。因此，缺陷产品管理中心以互联网大数据为基础开展了基于多源信息分析的消费品缺陷综合信息会商信息分析处理工作，主旨是发现缺陷产品，消除安全隐患，助力行业质量提升，保障人身财产安全。

消费品缺陷综合信息会商（以下简称“消费品信息会商”）中

的消费品，是依据《缺陷消费品召回管理办法》规定：是指消费者为生活消费需要购买、使用的产品。消费品会商与汽车会商相类似，是通过对消费品缺陷采集信息、舆情监测信息、国外召回信息、国内召回信息、产品伤害监测信息及其他信息进行定性及定量分析，采用案例汇总、案例关联、危害类别、传播影响力分析等方法来综合判断，挖掘可能存在不符合国家标准、行业标准中保障人身、财产安全要求的情形或者其他危及人身、财产安全的消费品缺陷信息的过程。开展消费品会商工作的流程主要包括四个阶段：消费品缺陷信息采集阶段、消费品缺陷信息预处理阶段、消费品缺陷信息关联分析阶段及消费品缺陷信息会商评估阶段。

1. 消费品缺陷信息采集阶段

开展消费品会商工作，首先要有完善的信息采集机制，通过对涉及风险的信息进行预处理、分析和评估为后续的缺陷调查分析提供数据支撑。现阶段，消费品缺陷报告信息来源包括缺陷采集信息、国内外缺陷消费品召回监测信息、我国产品伤害监测信息、互联网中网络媒体、微博、公众号、产品论坛、电商评价等渠道发布的产品质量、故障、安全等相关信息，以及部门间信息通报、来函转办等其他来源信息。

（1）缺陷采集信息

缺陷采集信息来源于国家缺陷消费品召回管理平台，如图 3-17 所示，该平台是中心通过自身网站、微信公众号以及中国政府网等渠道公开收集消费者提交的可能涉及缺陷消费品产品的信息平台，消费者可以通过上述平台提交产品缺陷信息，包括文字、图片、视频等信息。完整的缺陷采集信息共包括 16 个字段项，其中必填项

11个字段项，涉及产品信息、缺陷描述信息及联系信息三大类。依据消费者端主动提交的翔实的缺陷报告信息，有助于发现缺陷线索和开展缺陷调查。

图 3-17　国家缺陷消费品召回管理平台

（2）国内外缺陷消费品召回监测信息

国内外召回信息是指由国内外在缺陷产品召回领域官方发布的产品召回信息，如国内召回信息是国家市场监督管理总局及国家市场监督管理总局缺陷产品管理中心网站发布的国内召回信息。国外召回监测信息是指中心对全球召回制度较为完善的国家和地区发布的缺陷产品召回及预警信息进行的监测及翻译，如美国消费品安全管理委员会（Consumer Product Safety Commision）、欧盟非食品类产品快速预警系统（Rapid Alert System for dangerousnon-food products）、日本经济产业省（METI）、澳大利亚产品安全委员会（Product Safety Australia）机构发布的消费品召回新闻和消费预警信息。通过对全球主要国家和地区的产品召回信息及预警信息的监测，有助于我国产品质量监管部门及时掌握召回动态，避免召回遗漏事件发生、有助于国家及行业标准提升或在制修订上予以参考、有助于提升国内行业质量和公众消费安全意识。

（3）产品伤害监测信息

产品伤害监测信息是在吸收和借鉴国外产品伤害监测工作经验的基础上，市场监督管理总局联合我国卫生部门建立了基于医院产品伤害信息的采集系统。目前，产品伤害监测范围覆盖全国 17 个地区 56 家医院。产品伤害监测的信息来源渠道为产品伤害患者在首次就诊时，由试点医院医生或护士填写产品伤害监测报告卡，并通过医院防保科、县区级疾控中心收集报告卡、录入数据库，经中国疾病预防控制中心编码后将伤害数据报送缺陷产品管理中心。产品伤害监测的数据逐年递增，2013 年至 2017 年，产品伤害监测案例数量从每年 7 万余例增长为 17 万余例，如图 3-18 所示。

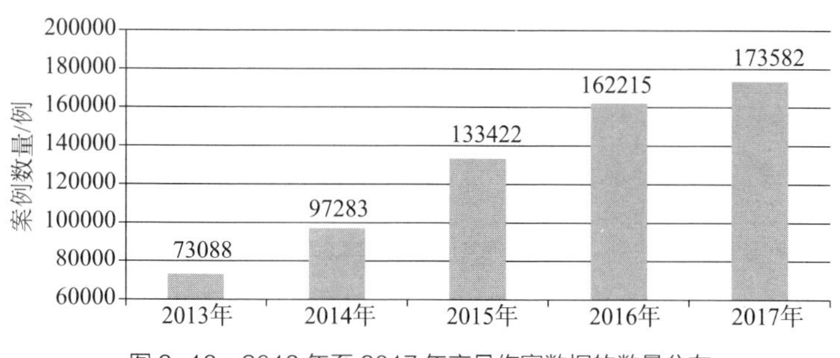

图 3-18　2013 年至 2017 年产品伤害数据的数量分布

（4）互联网舆情信息

在消费品缺陷信息分析中，互联网媒体信息无论在信息数量还是利用率都属于最重要的信息组成部分，依靠互联网端开展的对可能存在安全隐患和质量投诉的消费品相关信息进行采集能够极大地补充被动接收信息的不足，无论在涉及产品的广度还是信息的纵深上其数量级都远超其他来源信息。在消费品会商中，网络舆情信息在信息采集阶段主要来源于前文提到的召回舆情监测月报的数据，主旨为提供广泛的产品质量安全相关信息；在会商的分析阶段对于部门热点产品和问题较为集中的产品会进行电商评论数据和专业论坛中的测评数据采集予以辅助支撑。从历年数据来看，互联网舆情信息贯穿消费品会商中数据处理的各个阶段，为重要的数据来源。

（5）其他来源信息

其他信息包括部门间信息通报、司局来函、各地方局转办案例、相关机构的联合调查、行业或企业内部人员关于缺陷产品信息举报等信息。其他来源的信息数量在整个会商中占比较小，却发挥着重要的作用，如来自行业或企业从业人员发来的举报信息内容中关于产品信息、不符合标准情形以及可能造成的危害等都有清晰的表述，对后续缺陷调查的开展提供较为清晰的引导和数据支撑作用。

2. 消费品缺陷信息预处理阶段

由于消费品种类繁多、故障表现各异，面对海量的消费品缺陷信息，在信息预处理阶段的主要工作包括分类、去冗余、汇总、统计，对于具体产品进行产品类别标注、故障表现提取、伤害严重性识别等。以互联网舆情信息为例，通过关键词爬取互联网中关于各类消费品产品的可能存在缺陷和安全隐患的信息，如全国各地的抽检信息、产品造成伤害的报道、产品评测的信息和关于消费品召回问题的相关信息，相关信息经过排重、去冗余后进行主题分类，在信息会商中，以产品抽检不合格、质量投诉和产品造成伤害类的信息为主，如图 3-19 信息预处理阶段所示。

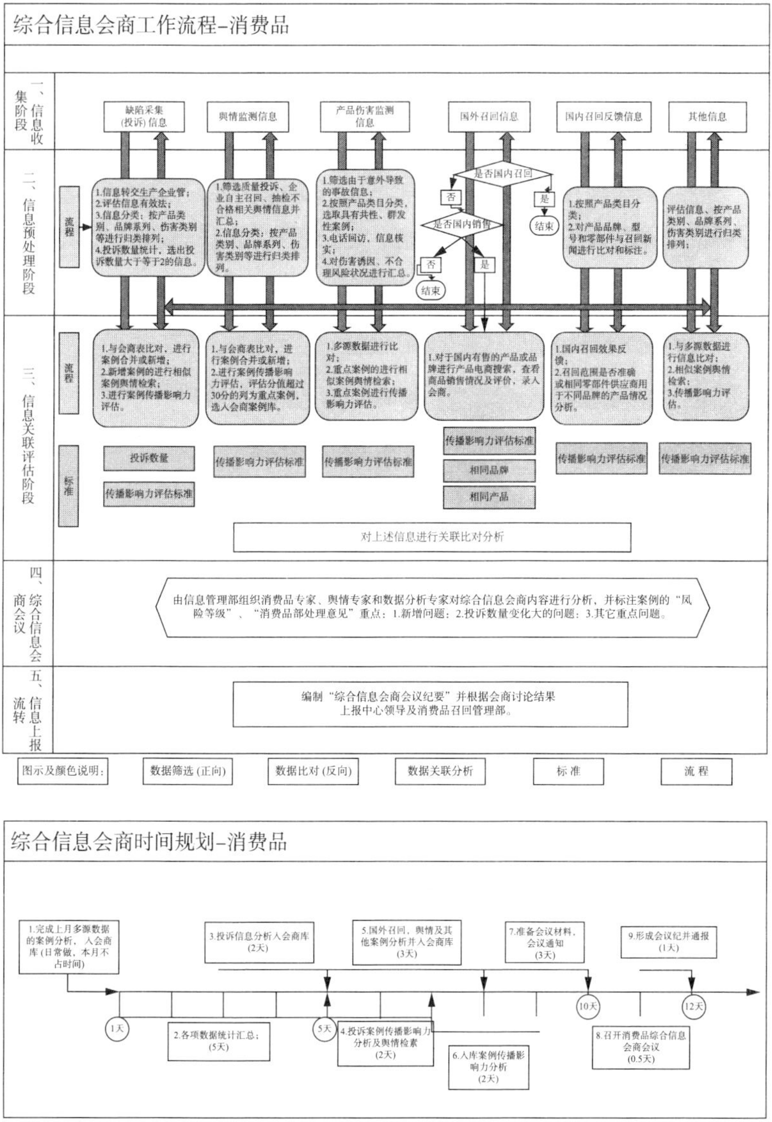

综合信息会商工作流程–消费品

一、信息收集阶段

缺陷采集(投诉)信息

舆情监测信息

产品伤害监测信息

国外召回信息

国内召回反馈信息

其他信息

二、信息预处理阶段

流程

1.信息转交生产企业管；
2.评估信息有效法；
3.信息分类：按产品类别、品牌系列、伤害类别等进行归类排列；
4.投诉数量统计，选出投诉数量大于等于2的信息。

1.筛选质量投诉、企业自主召回、抽检不合格相关舆情信息并汇总；
2.信息分类：按产品类别、品牌系列、伤害类别等进行归类排列。

1.筛选由于意外导致的事故信息；
2.按照产品类目分类，选取具有共性、群发性案例；
3.电话回访，信息核实；
4.对伤害诱因、不合理风险状况进行汇总。

是否国内召回

是

结束

否

是否国内销售

否

结束

是

1.按照产品类目分类；
2.对产品品牌、型号和零部件与召回新闻进行比对和标注。

评估信息、按产品类别、品牌系列、伤害类别进行归类排列；

三、信息关联评估阶段

流程

1.与会商表比对，进行案例合并或新增；
2.新增案例的进行相似案例舆情检索；
3.进行案例传播影响力评估。

1.与会商表比对，进行案例合并或新增；
2.进行案例传播影响力评估，评估分值超过30分的列为重点案例，选入会商案例库。

1.多源数据进行比对；
2.重点案例的进行相似案例舆情检索；
3.重点案例进行传播影响力评估。

1.对于国内有售的产品或品牌进行产品电商搜索，查看商品销售情况及评价，录入会商。

1.国内召回效果反馈；
2.召回范围是否准确或相同零部件供应商用于不同品牌的产品情况分析。

1.与多源数据进行信息比对；
2.相似案例舆情检索；
3.传播影响力评估。

标准

投诉数量

传播影响力评估标准

传播影响力评估标准

传播影响力评估标准

传播影响力评估标准

相同品牌

相同产品

传播影响力评估标准

传播影响力评估标准

对上述信息进行关联比对分析

四、综合信息会商会议

由信息管理部组织消费品专家、舆情专家和数据分析专家对综合信息会商内容进行分析，并标注案例的“风险等级”、“消费品部处理意见”重点：1.新增问题；2.投诉数量变化大的问题；3.其它重点问题。

五、信息上报流转

编制“综合信息会商会议纪要”并根据会商讨论结果上报中心领导及消费品召回管理部。

图示及颜色说明：

数据筛选（正向）

数据比对（反向）

数据关联分析

标 准

流 程

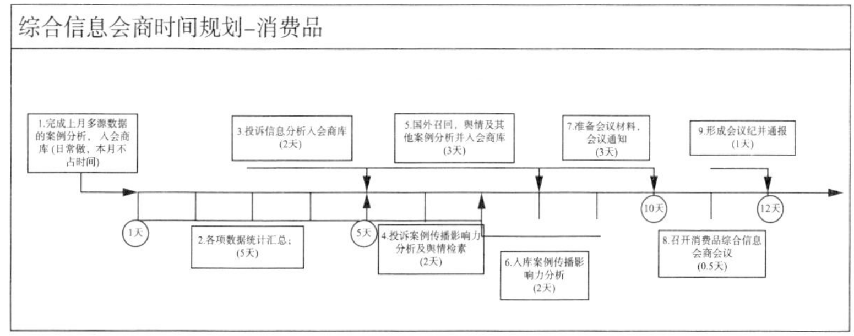

图 3-19 消费品综合信息会商流程图

在消费品缺陷信息预处理阶段的关键是案例形式的统一，与汽车会商相类似，在消费品会商中同样引入标签进行信息的标准化处理，如："我的A品牌手机电池膨胀了""使用A品牌手机后发现电池鼓包了""A品牌手机后盖翘起，好像是被电池顶起来了"等描述，都可以用"A品牌手机+电池鼓包"来标注，采用标准的标签来定义和标注全部的信息有助于后续的案例汇总、数据统计和关联分析。消费品的标签标注包括产品名称的统一和故障表现形式的统一。

3. 消费品缺陷信息关联分析阶段

由于不同来源的信息其信息数量、信息描述特征和信息属性各不相同，因此关联分析方法也会根据不同来源信息的特点而展开。如召回舆情信息来自不同网站的报道，通常篇幅较长，具有叙事性，而缺陷采集系统收到的消费者提交的信息通常为一段关于自身购买产品出现故障的描述，产品伤害监测信息则是更为简洁的某产品造成的伤害相关描述。尽管不同来源的信息分析方法不同，但全部来源信息都以缺陷标签和产品品牌为基础互相建立关联，进行案例归并关联分析。

在对缺陷采集信息分析中：主要分析消费品缺陷报告信息中涉及同一品牌/型号的缺陷描述（标签）为涉及人身、财产安全的产品信息，将该案例的标签与过往的各项信息进行核实及关联，以初步分析该案例可能存在不合理风险或安全隐患的概率，同时针对该案例的关键词进行专项舆情检索，通过舆情信息来扩展和丰富案例并评估其传播影响力，为信息会商评估提供参考。

国外召回信息分析：主要分析国外召回产品在国内未召回且在

国内仍在销售的产品信息；国外召回涉及中国生产且在国内疑似有售的信息；国外召回涉及中国生产的产品中召回措施为强制召回、禁止销售、禁止进口等手段的产品信息等。对于上述发现问题的产品进行电商评价监测和网络舆情监测，电商评价监测主要是从电子商务平台上，查询消费者对于产品的评价信息中是否有收到与国外召回有关的伤害及其他伤害或产品质量问题，网络舆情监测的目的则是检索该产品在国内是否有相似质量或安全相关的案例发生，通过多源间数据关联分析，为信息会商评估提供全面的数据支撑。

如图 3-20 所示，在欧盟非食品类产品快速预警系统（RAPEX）中发现，欧盟多次召回我国生产的新奇型打火机，召回原因为该打火机对儿童具有吸引力，儿童可能会玩耍打火机，引发火灾等危险。召回措施为采用强制手段从市场上撤回该产品和禁止销售行为。通过电商平台监测发现，该产品在我国市场上类型多样，销售

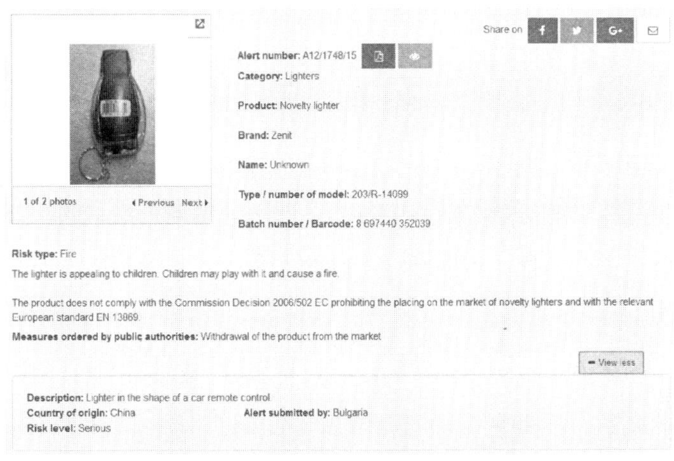

图 3-20 欧盟非食品类产品快速预警系统信息

普遍，用户群体广泛，有些甚至被制作成玩具进行销售，如图 3-21 所示，同时，在产品伤害监测中有儿童因该打火机导致烧伤案例；舆情监测中检索到有儿童因玩耍新奇型打火机不慎导致家中起火事件等媒体报道，最后通过综合信息关联分析、缺陷调查研判发布了关于新奇型打火机产品的消费预警，提醒广大消费者及家长注意，后续还引发了针对具体产品品牌的召回。

产品概况

新奇型打火机，是一种常见的产品，其外观类似卡通形象、玩具、枪、表、电话、乐器、汽车、人体或人体的一部分、动物、食品饮料等，还有能发光的灯或可动部分等具有一定娱乐性，整体看起来对儿童有吸引力这种。打火机与一般打火机功能无异，可充灌多种燃料包括丁烷或液体燃料等，是一种能产生火焰的装置，使用者通常用来点燃香烟、雪茄或烟斗。

图 3-21 各种样式新奇型打火机

舆情监测信息分析：在消费品缺陷分析中，舆情监测信息涉及的范围较为广泛，包括产品伤害的媒体报道、生产企业的产品质量服务活动公告、各省市进行的抽检信息、产品论坛中对于产品的评测及反馈信息、自媒体端关于产品伤害的互动信息等，从上述信息中主要分析舆情信息中疑似企业自主召回的活动信息、同一产品多地抽检不合格信息、传播影响力高的涉及产品质量及人身安全的舆情等信息。

在针对消费品生产企业的产品质量服务公告相关的召回舆情监测中常见到有部分企业的官方网站上发布了一则“召回”，而该召回信息却是全英文表述，通常为该品牌在国外发布召回的公告，而该产品在国内仍然继续销售，一方面，召回涉及产品公共安全，要让公众了解，另一方面全英文的召回通知在其自身的网站上消费者端是很难获取到或引起关注的，不利于产品信息获得和消费者主动联系生产者实施召回，再者不符合召回新闻备案及发布的流程，失去了召回的意义。

在消费品综合信息分析中，舆情监测信息既是独立的信息源，也是在关联分析阶段与全部来源信息进行关联再次挖掘分析的重要数据支撑，同时还会依靠网络舆情信息进行案例的传播影响力分析，既将相关产品缺陷报告信息、国外召回信息、舆情信息和其他信息转换为关键词组合，如“产品品牌 / 型号 + 危害类别”形式，以关键词组合进行网络舆情检索及传播影响力分值估值，网络舆情检索时间范围为十年以内的全部舆情案例，传播影响力涉及的维度因子包括相关报道的新闻数量、媒体权重值等能从媒体传播的广度、深度维度来对相关案例的严重程度和发生概率进行定量的分值，传播影响力分值在 0~100 区间，分值越高，表示该事件发生概率和社会影响程度越高。通过传播影响力的评估为每一起案例提供一个科学的、直观的分析标准及依据。

4. 消费品缺陷信息会商会议评估阶段

消费品缺陷信息会商会议阶段主要是对关联分析后形成的案例进行风险评估的过程，评估的结果包括“高”“中”“低”三级，不同的评估结果后续的处理级别不同，如标高案例通常为“开展缺陷调查分析”和“产品购检”等；标中的案例通常为“进一步信息核实”“回访调查”等；标低的案例为进行后续的持续信息跟踪等。经会商会议评估后，结果为“中”和“低”的案例后续如有召回舆情、伤害监测或缺陷报告信息等进一步反馈，该案例将再次进行会商评估。

三、召回舆情在两级会商中的应用小结

通过如上两级会商流程介绍不难发现，在汽车产品缺陷综合信息会商中，召回舆情主要以案例扩展、案例传播影响力评估为主，独立来源的舆情信息进入会商环节在实际操作中并不常见，这主要得益于在汽车产品召回领域的多源信息积累如缺陷采集信息、企业备案信息、国外召回信息以及召回舆情在日常通报中发挥的重要作用，使得主题为产品质量投诉类舆情能够快速通报和解决，因此召回舆情在汽车会商中主要起到辅助案例支撑判断社会风险和信息传播广度和深度的作用。

在消费品缺陷综合信息会商中，召回舆情的作用不仅仅是体现在案例扩展和案例传播影响力评估，在消费品召回舆情领域，网络中关于产品质量故障、产品相关安全事故、可能存在的不合理风险隐患等信息远远高于其他渠道获取的信息，而且在信息的时效性、利用率和成本上占有绝对优势；而且消费品领域涉及产品众多，常见的产品类别如电子电器、儿童用品、家具、家用日用品、日用纺织品和服装、文教体育用品、食品相关产品、五金建材、其他交通运输设备等，产品出现问题更容易在微博或电商评价这两个信息平台中有所反映，如消费者的手机产品出现故障，这类信息的发布不太容易在网媒新闻中见到，而更有可能在微博平台上很便捷地随时分享了出来。同样，某品牌的热水壶频繁出现烫伤使用者的不合理危险，这类信息在网媒新闻报道中所占比重也是很少的，而在电子

商务平台的产品评论中，关于该产品的故障及伤害或索赔信息将是衡量产品出现问题的可能性、概率的最好依据。因此舆情信息在消费品召回领域的作用会高于汽车召回领域。

第三节 召回舆情在缺陷分析研判领域的发展趋势

大数据时代，基于网络舆情大数据分析进行的口碑评价、精准营销在商业领域获得了巨大的成功，特别是用户生成内容的快速发展而兴起的研究领域，包括文本、图片、音视频等媒体类型，通过对这些大规模文本信息的有效挖掘分析，使数据价值最大化。国外在此方面的研究起步较早，Google 公司 2009 在自然杂志（Nature）上发表一篇题为“Detecting Influenza Epidemics Using Search Engine Query Data”论文，引起了学术界和工业界的广泛关注。在这篇论文中，研究者通过分析挖掘美国用户在使用 Google 搜索引擎所产生的搜索日志（Search Log），可以准确地检测流感疫情的发生。相比于美国疾病控制及预防中心只能提供发生于几周前的流感疫情报告，“谷歌流感趋势”能够在只延迟一天的时间内发现流感疫情的爆发，为及时抑制突发流感疫情广泛扩散赢得宝贵时间。之后的研究者受此启发，逐渐扩大挖掘的数据来源，Courtney D.Corley 等人通过收集 Twitter 上连续 24 周内用户发布的有关流感的信息流发现，流感的流行趋势与健康监测机构的监测数据相关，即通过分析 Twitter 数据也能够掌握流感的传播规律。Achrekar 等人通过对 Twitter 数据的分析挖掘，实现了对流感爆发时间和地点的成功预测。在缺陷产品召回领域，召回舆情信息所释放的数据价值也会随着数据量的提升而增长。未来，在召回舆情的分析及应用中一方面扩大数据来源，将电商评价数据纳入召回舆情监测范围，扩大召回舆情的数据量及评价维度，另一方面随着文本挖掘技术和特征识别技术的发展，未来召回舆情分析将在依托大数据的基础上形成产品质量标签库，有助于统一及规范产品质量及安全相关的故障描述及其扩展语料，并随着标签的提及次数、传播影响力值的变化等因素而自动预警。

一、将电商评价数据引入召回舆情

随着信息技术的发展，网络交易作为一种新的经济形态，得到了快速发展，对促进生产、流通和消费，推动经济转型升级发挥着越来越重要的作用。目前，中国的网络交易市场规模已经超越美国，成为全球网络交易市场第一大国。国务院总理李克强在政府工作报告中，提出要“鼓励电子商务创新发展”，随着“互联网 + 行动”的实施与应用，电子商务在人们的社会生活中扮演着重要角色，在电商平台中消费者反馈的数据质量不断完善和准确性大幅提高，其公开数据的可操作性为开展消费品缺陷综合分析提供线索依据，并为消费品风险评估提供多维度的判断标准，不完全统计，仅京东商城和天猫商城两大电商平台上关于手机产品展示端的评价信息超过 3000 万条，关于电视机产品的评价信息也超过 2000 万条，庞大的数据量为开展电商商品的质量评价提供了依据，这也使得运用电商数据发现产品质量安全缺陷线索成为可能。

国内主流的电商平台其线上交易的对象以消费品为主，因此，电商评价数据的应用更多场景是在与人们生产生活联系紧密的消费品领域。电商平价数据的应用大到针对某个行业的产品，如手机、笔记本电脑、热水器、坐便器、儿童床、升降椅等所包含的全部品牌及型号产品，通过公开的、海量电商评价数据采集和分析，可以清晰地反映出该行业的产品品牌分布、品牌规模、销量情况、产品评价情况、可能存在的安全隐患或质量问题等信息。通过将电商评价信息来聚焦传统召回舆情信息的指向性发散和缺陷描述不集中等问题。比如召回舆情监测中采集到关于儿童床护栏产品，由于儿童可触及范围内的开口和间隙存在夹住四肢的安全隐患，极端情况下还出现过夹住儿童脑袋造成窒息的悲剧，但相关舆情的报道中通常为对于事件的报道，而很少有关于产品品牌及型号的说明，启动缺陷调查及技术试验分析缺少确凿的产品样例，这时候开展电商评价数据采集，通过对儿童床护栏行业进行整体的电商评价采集，从采集到的信息中提取与夹伤、窒息、伤害等安全相关的评价，从而溯源产品品牌及型号，支撑产品抽检及缺陷调查分析，并最终引发缺陷儿童床护栏产品召回。

同样，针对某一品牌具体型号产品的电商评价信息进行采集、分析，更能清楚地展现产品销量及故障比例，发生故障的严重情况及图片或视频等有效数据。如在召回舆情中监测到某品牌的水具易发生破裂及掉底导致人身伤害的案例，在传统召回舆情监测中已经锁定品牌的情况下开展该品牌的电商评价监测，在产品的销量及评价信息中分析产品销量及故障比例，通过图片及视频等信息了解发生伤害的严重性和普遍性来辅助缺陷分析研判。

大数据时代，舆情监测信息的范围也随之扩展，在实际业务中发现电商评价信息这一公开的数据能够有效地补充日常召回舆情监测中数据的不足，并快速聚焦产品缺陷的特点，更能为缺陷调查提供从行业到具体产品都操之易行的准确数据补充，未来电商评价信息在召回舆情信息中所发挥的作用将不仅限于开展缺陷调查，发现安全隐患的产品，更可以在电商平台中产品销量核实企业召回数量及召回完成率、企业召回后召回效果评估等领域发挥更大的作用。

二、建立产品质量标签库

当今，互联网中的文本数据正在呈指数趋势增长，这种数据大规模地增长为数据采集带来更多数据的同时，也让数据分析人员逐渐陷入到越来越难获取有效数据的困境之中，标签（Tag）作为一种开放式的网络分类方式，具有平面化、社会化、人性化以及随意性、聚合性、自适应性等特点。它是一种灵活、开放的分类方式，是对一系列文件所定义的一个或多个相关性很强的关键字描述。标签的出现有效地从粗线条上解决了海量网络数据的分类及融合，通过定义标签将一系列大数据定量转换为小数据，通过对标签的判断有效的对采集的数据进行分类提取、标注定义、融合汇聚。

召回舆情中，关于产品的标签形式主要为产品质量标签，产品质量标签是对召回舆情中涉及产品故障、风险的关键字描述，以汽车产品为例，对汽车产品发动机总成的故障进行信息标注时，如表

3-1 所示，故障描述关键词包含加速踏板支架开裂、变形、加速踏板不回位、加速踏板卡滞等问题时，其标签可以定义为油门故障，关于此产品的标签组合为“车型品牌 + 发动机 + 油门故障”；故障描述为消声器系统导致排气泄漏，噪音超标、固定消声器用的部品松动等问题时，其标签可以定义为排气故障，关于此产品的标签组合为“车型品牌 + 发动机 + 排气故障”；故障描述为喷油堵塞、机舱或排气管脏污等问题时，其标签可以定义为喷油嘴故障，关于此产品的标签组合为“车型品牌 + 发动机 + 喷油嘴故障”等。

表 3–1　汽车故障描述与标签对照

标签	故障描述
油门故障	加速踏板支架开裂、变形、加速踏板不回位、加速踏板卡滞
漏防冻液	因盲塞或软管脱落等造成喷出防冻液
固定螺栓断裂	发动机悬置破损（变速箱、传动轴等组件破损导致不能行驶的）
皮带断裂	动力转向、水泵、发动机风扇皮带突然断开、脱落
固定螺栓断裂	发动机辅件机支架损坏（交流发电机、动力转向、空调、惰轮等）
缸体破损	发动机缸体破损导致不能行驶
曲轴故障	发动机平衡杆齿轮和曲轴箱齿轮多处断裂
怠速不稳	发动机运转性不良（喘息、振动、怠速不稳、爆震）
三元催化器故障	三元催化故障、中毒
缸体生锈	发动机内外观生锈、锈迹、锈蚀
排气故障	消声器系统导致排气泄漏，噪音超标、固定消声器用的部品松动
喷油嘴故障	喷油堵塞、机舱或排气管脏污

同样，产品质量标签在种类繁多、数据巨大的消费品缺陷信息分析中发挥巨大的作用，以手机产品为例，将手机产品可能存在的产品质量问题进行汇总，形成以屏幕问题、电池问题、功能问题为主标签，具体故障表现为附属标签的形式，如表 3-2 所示，在具体分析中，可以根据不同的需求对主标签和附属标签进行统计及检索，在消费品领域的产品质量标签适用性较广，如手机、电视、笔记本电脑等产品都可以适用于同一套产品质量标签体系，由于标签的灵活性和强适应性也可以针对消费品产品的主要特性建立适用于不同类别产品的标签体系。

表 3-2　手机产品故障标签

屏幕问题	功能问题
屏幕花屏	没信号
屏幕黑屏	通话有杂音
屏幕白点	无法通话
屏幕失灵	无网络
屏幕进灰	网络信号差
屏幕破裂	GPS 信号弱
屏幕开胶	GPS 失灵
屏幕漏液	Wi-Fi 信号弱
屏幕发热	nfc 功能无法使用
电池问题	蓝牙无法使用
电池变形	拍照异常
电池发热	拍照不清楚
无法充电	自动重启
充电异常	死机
充不满电	无法开机

表 3-2（续）

屏幕问题	功能问题
充电慢	手机卡顿
电池漏电	信息丢失
耗电快	主板烧坏

通过建立汽车和消费类产品质量标签库，有助于实现海量数据的快速识别、统一描述及建立关联，方便后续信息存储分类及标识。同时，对于信息关联后形成的高频标签进行重点监控，便于抓住重点，避免遗漏。

三、形成召回舆情预警机制

在形成完备的数据标签体系基础上可以探索依据产品质量标签对应的故障严重性和媒体信息传播影响力分值等指标构建召回舆情预警机制。媒体信息传播影响力评估方式不同于传媒行业对行业内各媒体的传播影响力的评估，影响力计算模型 f（a）=F{News，P[（Com，Forw）▽ I（Bd,）]} 适用于汽车和消费品产品质量监测等领域，模型评估的重点在于信息传播广度和受众深度，通过广度指标来确认信息中所涉及的产品问题是否有共性问题，通过受众深度指标判断信息中反映出来的问题是否引起公众的共鸣而进行探讨及转发。

以汽车召回舆情为例，根据传播影响力指标值如表 3-3 所示。案例 1 的传播广度为 0.4868859，受众深度为 1.519，传播影响力为 96，根据信息传播影响力分值定级，该案例属于“高”，可进行信息预警；案例 2 的传播广度为 0.0866895，受众深度为 0.4085，传播影响力为 23，影响力级别属于“中”，对此将进行信息核实，结合故障等级研究案例具体问题，并对信息进行通报；案例 3 的传播广度为 0.0347577，受众深度为 0.0028，传播影响力为 2；案例 4 的传播广度为 0.0000001，受众深度为 0，传播影响力为 0，案例 3 和案例 4 的传播影响力值较低，面对此类案例需配合车型销售数据、是否是商用车等信息进行车辆保有量分析，或车主群体特点进行分析。

表 3–3 微博传播影响力

案例数	覆盖度	广度因子	深度因子	转发数	评论数	传播影响力
案例 1	14606578	0.4868859	1.519	710	350	96
案例 2	2600684	0.0866895	0.4085	145	137	23
案例 3	1042730	0.0347577	0.0028	2	0	2
案例 4	3	0.0000001	0	0	0	0

如表 3-4 所示，相同案例的传播影响力在传统网络媒体和自媒体中的是相互印证并相互补充的，如案例 1 和案例 2 的传播影响力定级在网络媒体和自媒体中是一致的，但案例 3 则表现出很大的差别，说明案例 3 的车主群体在使用自媒体发布新闻和关注自媒体新闻方面的频率低，同时，其在网络媒体中有权重较高的媒体报道，并有很高的受众反馈信息。因此，案例 3 的媒体传播影响力为“高”，在实际案例中，案例 3 的车型为我国某品牌商用车，车辆的实际使用人（司机）并非车主，并且受教育程度相对较低，因此，其在自媒体新闻中传播影响力为“低”，而在传统媒体方面的报道多是对车辆事故的报道或批量维修等新闻。

表 3-4　网络媒体传播影响力

案例数	百度权重	广度因子	深度因子	媒介权重	传播影响力
案例 1	725	1.45	1.906	953	16.5976
案例 2	18	0.036	0.04	20	0.3784
案例 3	3870	7.74	8.208	4104	79.5528
案例 4	135	0.27	0.378	189	3.1968

通过微博传播影响力指标和网络媒体传播影响力指标的叠加分析对比，可以较全面地掌握日常舆情监测中与汽车产品质量相关的媒体动态、受众关注度、媒体报道重点问题、车主群体构成等信息，完成对典型案例的量化指标分析。同时，媒体信息监测分析过程中还会追踪信息发布的时间、解析地域分布来挖掘外在因素对于重点事件的影响情况。因此，在召回舆情预警机制中，无论是微博影响力还是网媒的传播影响力，当案例的传播影响力分值大于或等于 15 分时，召回舆情自动预警，引起关注，当分值高于 40 分时，直接通报并着手开展后续调查分析工作，根据传播影响力分值设置召回舆情预警等级“高”“中”“低”，如表 3-5 所示。

表 3-5　传播影响力值对应风险等级

风险等级	传播影响力分值范围
高	40 以上
中	15~40（不含 40）
低	0~15（不含 15）

通过科学的、统一的评估方法，将海量召回舆情中的低风

险、低概率的冗余信息排除，形成不同风险等级的处理关系，对标“高”和“中”的案例再进行故障严重性等级评估、产品缺陷报告数量统计、伤害监测案例统计、电商评价和销量风险等指标构建以召回舆情为主的综合预警机制，如表 3-6 所示。

表 3-6 综合预警指标及分值

指标	最高分值	指标说明
电商评价	15.0	通过聚合各电商平台商品评价中的质量类差评信息。分值 =（质量相关差评数 /（销量 ×5%））×20
消费者缺陷报告	20.0	来源缺陷报告信息，近 2 年的缺陷报告信息，每条报告 1 分，最高 20 分
伤害监测	15.0	来源伤害监测信息，近 2 年来的商品伤害监测数据，根据伤害造成的数量给予分值，最高 15 分
舆情传播影响力	25.0	根据舆情传播影响力评估和近 1 年来的舆情信息，分值 = 传播影响力 ×10%+ 同一产品不同伤害信息每条 1 分，最高 25 分
故障严重性等级	15.0	根据故障严重性评级，故障造成后果严重性标低 5 分，标中 10，标高 15 分，最高 15 分。
销量风险	10.0	根据月售销量环比增幅来计算，若销量环比增长 10%，则销量风险值为 1.0 分；若销量环比增长 25%，则销量风险值为 2.5 分，最高 15 分

第四章

舆情应对案例分析报告

CHAPTER4

第一节 某企业“抽屉柜召回”舆情事件

某企业的系列抽屉柜是受全球消费者欢迎的产品之一，这一系列的抽屉柜设计新颖，简洁实用，纯色搭配，收纳空间大，在家具市场有着很高的销量。但在拥有这些优点的同时，这一系列抽屉柜在使用中发现存在一些问题，如4屉柜达到了101cm的高度，而6屉柜则高达124cm，这么高的重心，稳定性不好很容易发生倾翻。实际上从1989年至2016年，这一抽屉柜造成了至少6名孩子的直接死亡、给36名孩子造成了身体伤害，光是企业接到的此类事故的报告就高达82份。2016年和2017年出现的抽屉柜召回事件，使得以品质卓越著称的企业在网络舆论端面临前所未有的质量和信誉危机。

一、抽屉柜引发的悲剧

据美国媒体报道，珍妮特·麦吉和家人生活在美国的明尼苏达州，她有一个非常可爱的儿子名叫泰德，只有22个月大。2016年2月的一天，泰德在玩耍之后有了一丝倦意，珍妮特就把他放在房间里，想让他小睡一会儿。珍妮特是个十分称职的妈妈，为了保证泰德的安全，她每20分钟就要进房间查看一下。不过，当她再次打开卧室房门时却看到了令她惊讶的一幕——泰德并没有在床上，开始珍妮特以为是泰德想跟她开玩笑，偷偷藏在了房间里的某个角落。然而，当她走进房间寻找儿子时，却发现墙角的六屉柜倒在地上，小泰德被压在了下面，珍妮特急忙把抽屉柜推开，并立刻将泰德送往医院，但在去医院的途中却发现泰德已经没有了呼吸。

抽屉柜倾倒致儿童死亡的惨剧已经不是第一次发生了。Inside Edition 于 2016 年 6 月 28 日报道称，早在 2014 年 2 月，美国宾夕法尼亚州的两岁男孩库伦·克拉斯就因六屉柜倾倒而死亡，三个月后在华盛顿，倾倒的三屉柜砸到 23 个月大的孩子凯登，最终导致他的死亡。

在克拉斯的惨剧发生之后，他的母亲提起诉讼，她认为该企业的抽屉柜具有“缺陷性和危险性设计”，企业应该及时向消费者发布警告。随后，很多知名媒体如 The Washington Post 和 NBC News 对这一事件进行了报道，并在网络上广泛传播，“抽屉柜”事件引起舆论热议。

从 1989 年第一起抽屉柜倾倒致儿童死亡事件曝出至 2016 年，企业共计收到 6 起致儿童死亡的报告，36 起致儿童受伤的报告，46 起抽屉柜倾倒事故的报告，但直至“抽屉柜”销售了 27 年后，企业才于 2015 年 7 月发布安全警告称，该企业系列抽屉柜可能发生倾翻并导致人员受伤、被困、甚至死亡。1989 年，企业接到第一起关于抽屉柜倾倒致儿童伤亡的报告，其实，从那个时候开始，企业方面就开始与美国消费者及消费者组织就是否在北美地区召回该系列抽屉柜展开了拉锯战。企业以“符合当地法规”“没有证据表明这些事故是由抽屉柜的设计瑕疵所致”“将抽屉柜固定在墙上的消费者家庭并未出现儿童伤亡”等理由拒绝在北美地区召回抽屉柜。在美国消费者及消费者组织的坚持下，2016 年 6 月，企业终于同意遵循北美地区 ASTMF 2057-014 标准，召回该地区的问题抽屉柜。6 月 29 日，企业方面宣布，由于存在倾翻的风险，在美国和加拿大召回高于 60cm 的儿童用抽屉柜和高于 75cm 的成人用抽屉柜，共计 3500 万个，其中包括在 2002 年至 2016 年 6 月期间卖出的 800 万个抽屉柜。

二、中国市场的召回争议

2016 年 6 月 29 日，企业在北美地区宣布召回抽屉柜之后，企业抽屉柜召回事件的舆情指数和百度指数均呈现上涨的趋势，如图 4-1 和图 4-2 所示，通过两个指数的变化趋势可以看出企业在北美地区的召回在国内也引发了舆论的广泛关注。

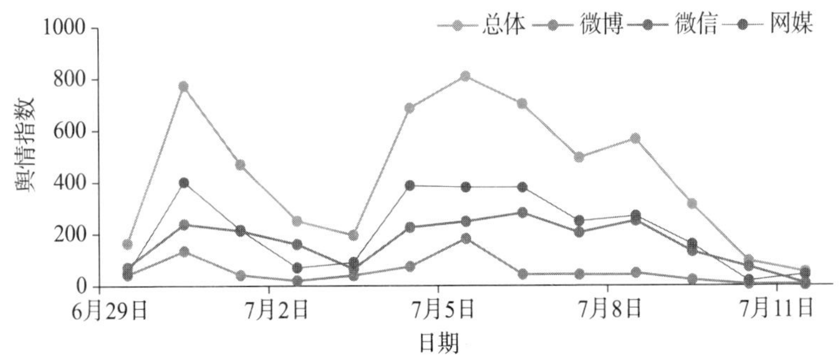

图 4-1　2016 年某企业抽屉柜召回事件舆情指数变化曲线

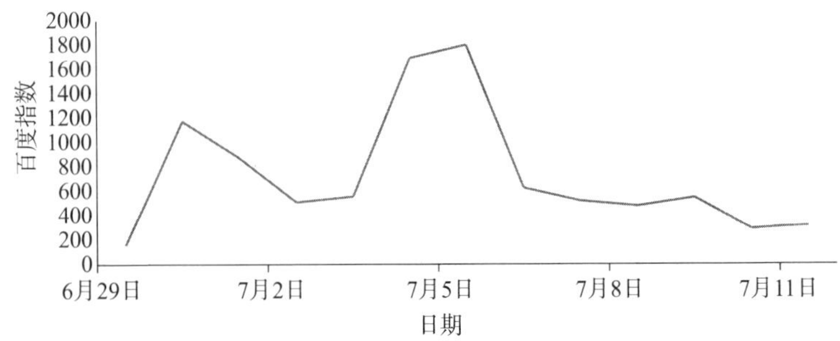

图 4-2　2016 年某企业抽屉柜召回事件百度指数变化趋势

企业宣布在北美地区召回后，有细心的中国消费者发现，这一系列抽屉柜在中国各大商场中仍有销售。企业官方网站显示，已发布召回公告的 22 个子系列的抽屉柜，在中国市场上仍然还在销售且并未进行召回。

之后，企业发布声明称，这次仅在北美市场进行召回，这是基于 ASTM（美国材料与试验协会）标准的“自愿召回”，是企业与美国消费品安全委员会探讨之后达成的一致决定。ASTM 标准并不是强制性标准，这一标准要求自由放置的家具在外界施压的情况下也不能倾倒。抽屉柜只符合强制性标准——当抽屉柜被固定在墙壁上时，不会因外力刺激而倾倒，但是它并不符合选择性标准——当抽屉柜自由放置时，在外力刺激下也不会倾倒。企业方面明确表态称，不会在中国地区召回同款产品。官方给出的原因是“目前在中国市场，企业并没有收到过该系列抽屉柜造成伤害事故的案例，且在中国销售的抽屉柜符合中国国家标准中的家具力学性能实验——柜类稳定性的标准”。在 GB/T 10357.4—2013《家具力学性能试验 第 4 部分：柜类稳定性》及 GB 28007—2011《儿童家具通用技术条件》中，并没有关于此类问题家具召回的详细规定。

企业在声明中承诺，为了保护消费者安全，会免费发放墙体连接配件并且会提供免费上门安装的服务以确保顾客安心使用。如果顾客家的墙体不能满足上墙固定的要求，企业将接受退货。

企业对待中国市场的双重标准引发了新一轮的舆论热潮，中国质量网发布的《企业回应在中国不召回“夺命柜”：已售可退全款》和深圳在线发布的《不召回在华缺陷产品企业“看人下菜”》均获得其他媒体近 200 次的转载，这也从侧面说明舆论对于双重标准之争的关注度非常高。如图 4-1 和图 4-2 也可以看出，2016 年 7 月 5 日，企业宣布不在中国市场召回问题抽屉柜之后，关于抽屉柜召回事件的舆情指数和百度指数显著上升。

中国是这一企业家居销售增长最快的国家，然而在发生缺陷产品召回时却被排除在外，企业的这种做法引起了媒体关注和消费者的强烈不满。众多网友纷纷发声："中国的孩子就不应该被保护吗？"还有网友质疑，在北美地区召回抽屉柜到底是因为不符合相关标准，还是因为抽屉柜的设计存在安全隐患，如果是后者则和各国标准的差异性无关。一时间，关于企业"双重标准"的话题引起了媒体和大众的热议。

对于抽屉柜召回的双重标准使得企业面临中国消费者的质疑和信任危机。2016 年 7 月 11 日，人民网发起了一项关于此次事件的网络调查，结果显示，约有 90% 的投票网友认为，企业在中国不采取召回措施是"差别对待，涉嫌歧视"；约 80% 的网友认为，"符合中国标准"并不能成为企业不在中国召回抽屉柜的理由；超过 50% 的网友表示不再信赖企业品牌。

三、约谈后的召回

企业对于抽屉柜产品召回的双重标准也引起了国内各级市场监督管理部门的关注。多个地方消费者协会和市场监督管理部门都相继约谈了企业的当地分公司，要求企业无差别的召回问题抽屉柜。作为我国负责产品召回的主要管理部门，原国家质检总局迅速开展缺陷调查并对企业进行了约谈，使得企业最终在中国无差别地实施了抽屉柜产品召回。

以下为发布在原国家质量监督检验检疫总局网站，质检要闻中的内容。

宜家（中国）投资有限公司召回马尔姆等系列抽屉柜

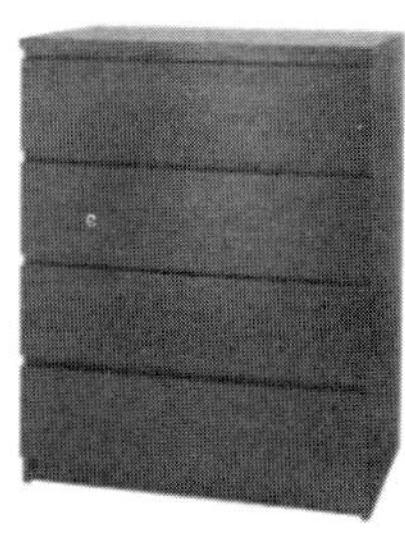

日前，经国家质检总局约谈后，宜家（中国）投资有限公司向国家质检总局提交了召回计划，决定从2016年7月12日起在中国市场上召回1999年至2016年期间销售的马尔姆等系列抽屉柜。本次召回共涉及多种规格的产品。据该公司统计，中国大陆地区受影响的产品（包括进口产品）数量共计1660845件。

本次召回范围内的抽屉柜如果没有被恰当地固定到墙上时，可能会发生因柜子倾倒从而导致儿童死亡或受伤的危险。

对于本次召回范围内的产品，宜家（中国）投资有限公司已于近日在其官方网站发布了相关信息，建议所有购买过宜家上述抽屉柜的用户查看家中的抽屉柜是否已连接在墙上，如果上墙连接件有丢失或有疑问的，请选择附近的宜家商场免费获取；也可以拨打宜家中国顾客服务热线400-800-2345，或点击宜家中国官方网站（https：//www.ordersafetykit.com/ZH）填写在线表格下订单。宜家始终免费提供上墙连接件，并为有上墙困难的用户提供免费上门安装的支持；或者将家具退回宜家商场，获全额退款。

消费者也可登录国家质检总局网站（www.aqsiq.gov.cn）、国家质检总局缺陷产品管理中心网站（www.dpac.gov.cn）、国家质检总局进出口工业与消费品风险评估中心网站（www.racicp.org.cn）以及关注微信公众号（AQSIQDPAC）了解更多信息。此外也可拨打国家质检总局缺陷产品管理中心热线电话：010-59799616和国家质检总局进出口工业与消费品风险评估中心电话（进口产品）：010-53897456，反映召回活动实施过程中的问题或提交缺陷线索。

质检总局提醒广大消费者检查家中的抽屉柜类产品，对可能发生上述危险的产品，确认已经按照产品安装说明或咨询经营者后将其固定在墙上。

虽然召回事件有了“反转”，但企业并未主动在中国市场召回问题抽屉柜的事实，还是引发了舆论的广泛关注，对待中国和其他国家的双重标准也广遭诟病。企业最开始以抽屉柜符合中国相关标准为由拒绝召回，之后承诺给中国消费者免费发放固定上墙的配件并提供免费上门安装的服务，最后，在原国家质监总局约谈、国内媒体曝光之后宣布召回，这种行为使得消费者对企业的信心降低。

其实，企业所谓的符合中国产品标准就可以不进行召回，这是对中国相关法律的错误理解，不符合标准的产品根本就不能在中国市场上生产销售，这一系列抽屉柜进行召回的原因是设计缺陷、安装风险等不安全因素，致使产品在实际使用中发生了非偶然性人身伤害，而不是不符合标准。一向以品质卓越著称的企业没有意识到，安全事故频发明显是由于产品存在质量问题，企业在抽屉柜的设计中没有考虑到消费者在实际使用中存在的不合理的危险。而企业所谓的在中国并未发生相似的伤害案例，可能是由于国内消费者产品缺陷意识不强，在发生抽屉柜倾翻事故时，多数中国的消费者会认为是由于孩子顽皮导致的，并不会想到是产品缺陷的问题。

在中国进行经营活动的企业，不论从哪来，都应该遵守诚信经营、依法经营的基本准则，并且经营活动要建立在遵守中国法律法规、认真履行企业社会责任、保护中国消费者合法权益的基础之上，如果坚持在产品质量方面采取双重标准，只会让企业的品牌声誉和口碑受损。而中国消费者也应该有信心，以庞大的消费市场可以引导企业在维护消费者权益方面不断追求更高的标准。

跨国企业对于同一款产品的处理方式应该一视同仁，不应该对于不同国家采取双重标准，尤其在涉及人身财产及公共安全的问题上，更是应该及时、有效地提供服务保障。不仅是对于屡次发生事故的抽屉柜，企业以及其它抽屉柜生产企业都应该严格审查类似产品，特别是已经召回的同类安全问题及早发现问题，在设计、生产和安装等环节过程中进行纠正，及时化解风险，消除安全隐患。

四、舆情二次升温

2016 年 12 月 22 日，CNN Money 和 The Washington Post 等多家知名媒体报道，企业向被“抽屉柜”压死的 3 名美国儿童的家属赔偿 5000 万美元，约合人民币 3.47 亿元。除此之外，企业还以三名儿童的名义向费城、华盛顿州和明尼苏达州的三家儿童医院捐款 15 万美元，并向一家专注于儿童安全和预防此类家具倾覆事件的非营利组织捐款10万美元。

本以为“抽屉柜”事件就此告一段落。然而，2017年，问题抽屉柜又给该企业带来新一轮危机。2017年5月，一名2岁的加利福尼亚州男孩约瑟夫在房间中独自午睡时，拉动卧室四屉柜的抽屉导致柜子倾翻，后来孩子的父亲推门查看时，才发现孩子已经死亡。事件直到同年10月才曝光，这是这一系列抽屉柜自1989年以来造成的第八起死亡事件，也是企业在2016年6月宣布召回抽屉柜之后发生的第一起。事后，约瑟夫父母聘请的律师在接受媒体采访时称，孩子父母对于之前企业发布的抽屉柜的召回并不知情，他们表示并未收到任何召回通知。律师认为正是因为企业的召回行动并没有落实到位，宣传力不足，才导致抽屉柜产品的实际召回效果并不理想，许多购买了这一抽屉柜的家庭至今仍不知情，仍然将这种危险的抽屉柜放在孩子的房间里。律师还说，这起悲剧完全是可以避免的，而导致约瑟夫死亡的根本祸源就是企业对于召回信息推广不力，未传递到产品的终端用户，召回效果和影响力不足。

由于约瑟夫的被砸身亡，企业再一次在北美地区发布了该系列抽屉柜的召回信息，召回2002年至2016年售出的1730万件抽屉柜。媒体对企业CEO进行了采访，他表示，企业会提升对几种类型的柜子和梳妆台的召回意识，并停止销售不符合美国行业标准的产品。

企业在北美地区再一次发布该系列抽屉柜的召回公告引起了中国消费者和原国家质检总局的关注，原国家质检总局在第一时间约谈企业，要求其对此次的召回的情况进行详细说明，同时强调必须严格遵守中国的有关法律法规，并且要认真履行企业召回的主体责任。经过了解得知，企业这次在美国发布的召回公告是2016年6月28日召回的重申和延续，主要是由于在美国又发生了一起抽屉柜倾倒压死儿童的事件。为此，总局要求企业针对去年在中国实施召回的情况，采取进一步有效的措施，通知到相关消费者，同时按照召回计划积极采取措施，防止这类事故在中国发生，切实保障中国消费者的安全。国内媒体对企业再次召回抽屉柜事件高度关注并就此次召回事件进行了相关报道。一点资讯APP于2017年11月30日发布文章《某企业再召回抽屉柜：将在美停售不包括中国市场》，获得118家网络媒体的相继转发。2017年12月4日，深圳热线发布《又“夺命”！已造成8名儿童死亡，企业再召回1730万个衣柜》，其他192家网媒纷纷转载该报道。不仅网媒关注此次召回事件，传统纸媒安阳日报也发布文章《企业再召回1730万个“抽屉柜”》。据统计，宜家再召回事件的相关报道共计约3788篇，这足以说明舆论对于该事件的关注程度。我们还可以通过舆情指数和百度指数的变化趋势看出该事件的舆情变化，如图4-3和图4-4所示，2017年11—12月，企业宣布在北美地区再次召回“抽屉柜”，舆情指数和百度指数均迎来了新一轮上涨。

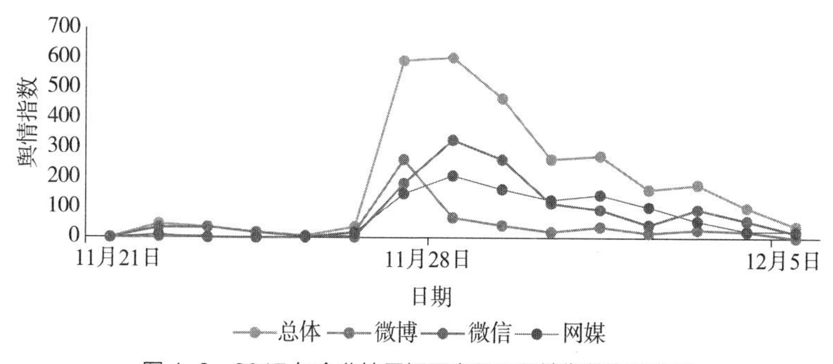

图4-3 2017年企业抽屉柜再次召回舆情指数变化曲线

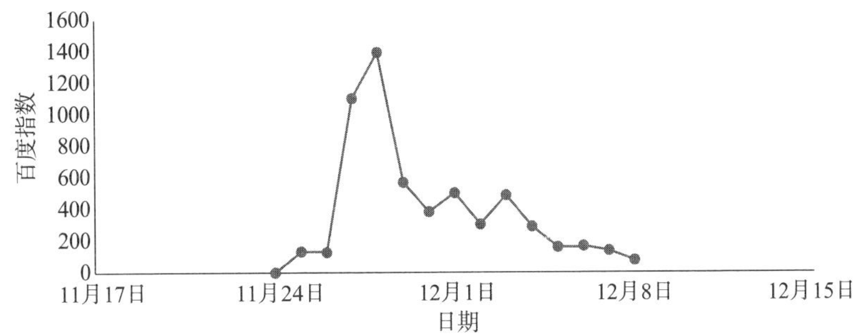

图 4-4 2017 年企业抽屉柜再次召回百度指数变化趋势

对于大众关心的问题——该系列抽屉柜在中国市场的召回情况，企业对抽屉柜在华的召回进展做出了回应：截至 2017 年年底，共召回 22000 多件抽屉柜，其中，提供了 8200 件退货服务，4000 件免费上墙固定服务，以及 10000 多个免费固定件领用。

针对这一企业品牌抽屉柜再次引发的悲剧，企业在中国举行了媒体沟通会，并在会上表示，抽屉柜虽然在中国不重申召回，但受影响消费者可持续寻求上墙配件、上墙安装等服务，并且该款产品至今未停产。北美地区此次召回并不是重新召回，而是重申上次召回的信息，企业在中国市场虽然没有进一步召回计划，但是为了加强召回的深度和广度，在一周时间内，企业向购买抽屉柜的中国消费者打了 3000 通电话，向顾客传达了注意事项。尽管企业不在中国重申召回，但是会持续进行售后，包括退货和全额退款。除此之外，企业还在中国地区开展了关于此类安全事故的消费者教育活动。自 2016 年 3 月起，企业中国针对家具倾倒带来的安全问题，一直持续在商场、网页和社交网络上做消费者教育活动。希望可以通过这样的活动唤醒消费者对安全使用抽屉柜的重视。

企业承诺，将严格遵守中国法律法规和相关标准，切实履行企业的主体责任，积极配合中国质量监管部门，扩大与消费者的沟通渠道，确保消费者合法权益的实现。企业表示，在 2016 年抽屉柜召回时，向消费者作出的以下承诺仍然有效：一是对于购买了抽屉柜的顾客，将继续免费提供上墙配件，以确保其使用安全。二是消费者可以联系企业的工作人员，企业将免费提供上门安装和固定服务。三是对于不想继续使用抽屉柜的消费者，可将产品退回至商店，企业将退还全款。四是消费者也可联系企业提供上门收取服务，企业也将退还全款。同时，企业方面介绍，现在顾客在宜家购买抽屉柜时，销售人员会提醒顾客安装时要将抽屉柜固定在墙上。

五、案例总结

当企业产品出现质量问题时，应积极主动召回问题产品，这样不仅是对消费者负责，也是企业诚实守信的表现，有利于树立企业的正面形象。同时，企业也要向政府部门传达企业服从政府监督管理、自觉加强行业自律、积极主动进行召回诚意与决心。

根据原国家质检总局缺陷产品中心发布的《缺陷消费品召回管理办法》，生产者应当向所在地省级质检部门和原质检总局报告消费品在中国境外实施召回的信息。企业抽屉柜在北美地区进行召回后，不仅没有向原质检总局报告问题抽屉柜在北美进行召回的信息，而且拒绝在中国市场进行召回，这样的行为引起中国消费者的强烈不满。各个国家的产品标准虽然有差别，但是企业对待生命的态度应该是一视同仁的。由于国内外市场体系、法律制度的成熟程度不同，一些跨国企业在产品质量上采用双重标准，这样的做法将严重损害企业的商誉和口碑，也将降低消费者对企业的信任程度。跨国企业应当承担社会责任、遵守当地国家的法律和规则、维护消费者的合法权益。

企业处理产品召回事件中，要以认真的态度对待所面临的风波，提高召回行动的知晓性和落地性，同时要勇于承担责任并积极改善产品设计，维护消费者的利益，将消费者的安全放在首位。

第二节 某企业缺陷产品舆情事件

一、“3·15”曝光

2015年中央电视台3·15晚会报道，多位车主的某品牌车型频频出现变速箱故障，表现为在路上正常行驶时突然停车，或倒挡失灵。据报道，全国类似案例不计其数。虽然这被诊断为变速箱故障，但部分车主说换了两次变速箱仍故障频发。报道中称，变速箱出现问题后，企业没有正面回应，而是把原因推到了中国消费者身上，称是因为车主“开车太着急”。此外，企业还在自己的中文官方网站上，突出强调企业的专业品质。央视称，企业应当对自己的产品负责，不能仅仅把专业精神说说而已。毕竟，车的质量好坏直接关乎人的安全。

“3 · 15”晚会的曝光可谓是一石激起千层浪，这一车型变速箱问题瞬间就被推到风口浪尖，企业此时可以说是面临前所未有的信任危机。与此同时，人民网、央视财经、新浪财经等诸多媒体也在晚会曝光后竞相报道该事件，央视网发表的文章引得诸多媒体纷纷转载，如图 4-5 所示。微博上也是一片讨伐之声，其中更是不乏微博粉丝数百万级别的媒体公众号、名人以及自媒体评论该事件，例如中国新闻网这个媒体公众号，其粉丝数量高达三千万之多，其在 3 月 15 日当晚发布了一条题为《请不要把质量原因推到了中国消费者身上》的微博，充分表达了对企业将故障原因推给用户的愤慨，此外呼吁召回的声音几乎成为主流，一时间该企业陷入舆论危机之中。如图 4-6 所示。

#315晚会#说起该品牌车，消费者用最多的词是“恐怖”。要么走在路上不动了，要么倒档失灵，全国类似案例不计其数，虽然这被诊断为变速箱故障，但部分车主说换了两次变速箱仍故障频发。公司甚至将变速箱故障原因直接推到用户身上，嫌车主开车太着急……

图 4-5　央视对该企业的报道

质量问题、共性问题、是否召回

三大问题亟待回应

目前，该品牌车的变速箱出现问题是不少车主亲自经历的。从央视记者前期调查的结果发现，企业方面首先不承认是变速箱问题，认为是软件问题或是车主操作、使用不当造成的。但事实上，该变速箱在去年10月和今年1月19日进行过两次软件升级，车主和4S店都认为升级没有解决问题。而消费者的使用也没有出现明显的错误。

第二，企业方面不认为这是共性问题，只是个案。而事实是，不仅我们身边已经有众多车主反映变速箱问题，该品牌车使用的这款最新研制的九速变速箱也有不少前科——同样使用该款变速箱的其他品牌车，也出现过类似问题，并被国外媒体报道过。据了解，这款变速箱是德国公司的新产品，有业内人士怀疑，这款变速箱未完善就被推广使用了。

第三，不少车主要求企业召回问题车辆，或者至少延保。因为一旦过保，想要更换变速箱，车主得自掏腰包12万人民币。但企业方面目前还未给出解决方案。

图4-6 媒体对该企业的质疑

二、监管部门的风险预警

2015年3月19日，在危机爆发后的第四天，原国家质监总局缺陷产品管理中心综合各方情况，发布了关于某企业车型汽车变速器故障问题处理措施的公告：（1）根据《缺陷汽车产品召回管理条例》等法律法规规定，企业须采取切实有效的技术措施，尽快完成缺陷车辆的召回维修，并履行延长相关变速器质保等承诺，保护好消费者合法权益。（2）企业及其授权经销商须及时发布公告并主动联系消费者，确认车辆是否存在缺陷并安排维修及后续事宜。（3）市场监督管理总局将继续关注该问题，各地出入境检验检疫机构将继续跟踪监督。企业授权经销商及 4S 店须认真履行法律法规规定的责任和义务，配合检验检疫机构的监督检查。（4）自公告发布之日起，各地出入境检验检疫机构即解除不使用该型变速器车辆的临时风险控制措施；企业及授权经销商对涉及该型变速器的车辆提供证明保证消除隐患后，检验检疫机构采取加严检验措施，启动正常检验检疫程序。

从问题揭露到企业最终做出召回决定的 4 天里，政府部门始终奋战在第一线，积极敦促问题企业整改并及早拿出解决方案，并对问题企业进行有效的管控与制裁，而各方媒体也在此次事件中起到了推波助澜的作用，正确地引导了舆论倾向。

三、舆情变化及企业应对

在这一变速箱召回事件中，通过百度搜索指数并结合原国家质检总局的网媒微博数据，对该事件舆情进行了一次回顾，其结果如图 4-7、图 4-8 所示。

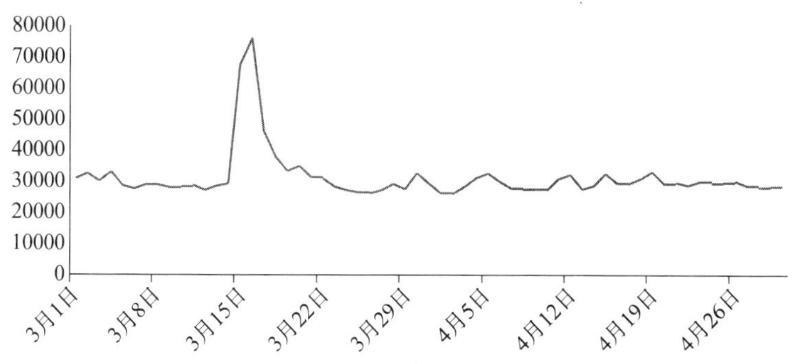

图 4-7 企业召回事件 3—4 月搜索指数曲线图

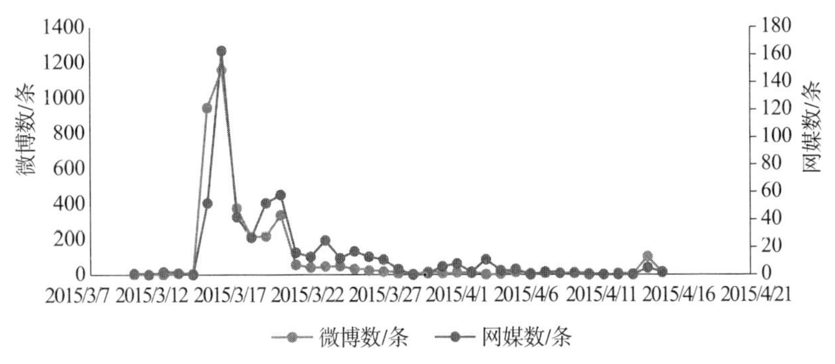

图 4-8 企业召回事件 3—4 月网媒微博数据曲线

可以看出，在 3 月 16 日那天企业搜索指数达到峰值 76146，那天恰好是“3 · 15”曝光企业问题车辆之后一天，而结合我们从各大网站获取的报道数据来看，当天报道该事件的网媒数及微博数也是达到峰值，且措辞多以批评指责为主，并且多数报道都是转载央视网的文章，舆论倾向保持高度一致，可以说企业一时间陷入舆论危机之中。16 日之后的搜索指数仍然是居高不下，主要是企业在第一时间发表了第一封公开声明，但是从新闻数据来看，报道仍是对企业不利的声音居多，中央电视台“3 · 15”晚会曝光的余波仍在持续，微博上也是一片要求企业对问题车辆进行召回的声音，出现频率最多的词就是“恐怖”“召回”。从图 4-7 来看，直到 3 月 19 日，企业正式宣布召回问题车辆，搜索指数才降到低谷，舆论才得以平息，从图 4-8 中此后的报道数据来看，批评之声渐渐消失，舆情得以好转。下面具体分析企业在舆论变化的各个时期是如何应对的。

在中央电视台“3 · 15”晚会报道结束 2 小时后，此时舆论正式爆发，各大媒体、微博论坛争相报道。企业第一时间通过官方微博等渠道发表了如下第一封公开声明：

路虎中国对于进口路虎揽胜极光九速变速器问题的声明

针对中央电视台3·15晚会报道的关于进口路虎揽胜极光九速变速器的问题，路虎中国及授权经销商非常重视。由此给消费者带来的不便和困扰，我们深表歉意。

自收到部分客户的问题反馈后，路虎中国一直积极制定解决方案，并已于2015年1月19日起，对2014年至2015年款的进口路虎揽胜极光（车辆识别码范围为LV000001-LV996116）主动推出了最新的变速器软件升级措施，同时已就该解决方案在国家相关部门备案。此项升级措施正在持续推进中，我们将进一步协同经销商以最快的速度加速完成。

于3月开始销售的2015款国产路虎揽胜极光，目前在售车型所装配的9速变速箱已是最新状态，不存在故障批次问题。

客户满意度一直是路虎中国的长期追求，我们将不懈向中国消费者提供更好的产品与服务。感谢媒体及社会各界对路虎品牌的关注。有关事件的进展，我们将积极配合相关部门，并与大家保持沟通。

在这第一封声明中，企业充分展现了对用户的尊重与理解，同时也表示出积极解决问题的态度。此外，在从国外总公司取得反馈意见后，总部方面也是立即派出了两名技术专家前往中国，对缺陷产品的相关问题进行调查分析。

在事件曝光后，企业的危机应对充分体现了三度原则。首先，快速反应原则，企业第一时间发表声明直面问题，态度诚恳，这也为其进行危机公关争取到了时间；其次，依法办事原则，企业展示了积极配合有关部门的态度，这既维持了处理危机事件的正常秩序，同时也可以保护公司和用户的利益；最后，以人为本原则，企业在声明中再次提到了客户至上的经营理念，这充分展现了企业的负责精神，为解决缺陷产品问题争取到良好的舆情环境。在3月19日企业正式宣布召回问题车型。公告原文如下：

2015年3月19日，捷豹路虎中国宣布，自即日起主动召回在中国大陆地区涉及的部分2014和2015年款进口路虎揽胜极光车辆（2014年款，生产日期为2013年7月15日—2014年6月3日，车辆识别码范围为LV824476-LV955850；2015年款，生产日期为2014年6月3日—12月24日，车辆识别码范围为LV000001-LV996109），共计36451台。

本次召回范围内的部分车辆，由于在某种使用情况下，可能会产生变速器故障灯亮，并出现换挡性能下降、变速箱噪音等问题。经过反复的技术认证，我们确认相关故障是由于变速器软件不匹配导致。秉承“客户至上”的原则，捷豹路虎中国将为涉及范围内所有车辆进行免费检测并进行软件升级，以优化九速自动变速器的性能。

同时，为了表示对中国消费者的歉意，捷豹路虎中国特别宣布：对所涉及车辆的九速变速器的保修期延长至7年或者24万公里（自车辆购买之日起，以先到者为准）。另外，在召回车辆免费软件升级完成后1年内，为涉及的车主赠送极光基础保养服务包2次。

捷豹路虎中国将自本次召回发布之日起，主动通知所有涉及的用户，积极推进相关措施。相关用户可拨打客户服务热线400-820-0187进行咨询。

我们对此次主动召回给消费者带来的不便表示深深的歉意。

捷豹路虎中国

2015年3月19日

这一公告很快在央视电台被多番报道，这下也让广大消费者悬着的心有了着落。同时这一公告也让四天来几乎一边倒的口诛笔伐的舆情稍稍有了好转，同时媒体报道也在自晚会曝光后再次达到高峰。由此可见，在危机处理过程中，快速反应、抓住关键问题和积极的沟通是危机公关的核心要素。在短短的四天内，企业始终与政府部门与公众保持积极沟通，并对核心问题采取不回避、不拒绝的态度，一方面展示了企业的社会责任感，同时又满足了公众的知情权，最终解决了企业危机四伏的状况。

事情到此本该告一段落，但在3月23日下午，也就是中央电视台“3·15”晚会一周后，企业总裁对外发表了一封公开信，在19日召回公告之外再次向中国消费者致歉。公开信如下：

致捷豹路虎的客户及关心我们的朋友们：

今天，我想与大家分享一下在进口路虎揽胜极光九速变速器事件过程中我们的反思以及对未来发展的思考。作为捷豹路虎在华管理层成员以及捷豹路虎车主之一，我非常能够理解并感受每一位客户因此事件产生的困扰。同时，作为捷豹路虎大中华区的总裁，我对此事倍感歉意，并深知自己肩头责任重大。

捷豹路虎入华五年来，“客户至上”的理念一直是我们工作上的指南针。因此，我们不仅迅速作出了主动召回的决定，同时为表示对中国消费者的歉意，我们决定为所有涉及车辆的九速变速器保修期延长并赠送免费保养服务包。我想大家保证，这一系列解决方案将很快实施，并确保把客户带来的不便降到最低。在这个过程中，我们亦将密切关注客户向我们提出的反馈意见或建议，不断追踪并切实落实解决方案。

我亲自见证了捷豹路虎过去五年在中国的飞速发展，并认识了很多新客户，且有幸和他们中的很多人成为了朋友。虽然我们进入中国市场的时间不长，但我们在中国市场生根发芽的决心很大。我们必须确保产品和客户服务的质量，否则所有的工作都会黯然失色。

客户利益至上，是捷豹路虎所有工作的重心，也是我们取得现有成绩以及未来发展的根本基石。我们更想把近期的经历当作一个契机，并借此机会加强中国消费者的信任与纽带。在发展的过程中，有时我们会犯错，但我们始终会把每一位客户的利益放在首位，并用积极的态度去快速高效的解决问题。我深信，有你们的关注和支持，我们在未来能够做得更好。

由此可见，企业对于中国市场极为重视，也能够想象此次召回事件中企业的沮丧与遗憾。缺陷产品问题时有发生，重要的是企业要有勇于面对错误的责任与担当，并且拿出相应的诚意来解决问题。同时这封公开信再次强调了“客户至上”的理念，充分展现了企业在事件爆发后对于顾客的尊重与重视。

四、善后处理

企业召回后，终端市场反应明显，官方售价 59.28 万元的价格在降低标示为 49.8 万元，且有 5 万元现金加 3 万元礼包的降价；官方售价 55.28 万元的另一车型在标示为 44.8 万元的基础上，也出现了 6 万元现金加 1 万元礼包的降价，这些在召回事件发生前几乎是不可能的。尽管出问题的是进口车型，但消费者对国产车型质量的信心也是大打折扣。

尽管从短期来看企业利益受损，但如果企业能从这次召回事件中痛定思痛，加强对汽车产品技术质量方面的监督，加强对用户反映问题的重视，对企业和用户而言未尝不是一件好事。

五、案例总结

企业召回事件可以说是缺陷产品召回的一大经典案例，该事件在短时间里经历了“被曝光”—“致歉”—“出台方案”—“产品召回”，具备召回舆情演变渐进的常见特征，对当代企业主要有以下一些借鉴意义。

在缺陷未显期，企业应当做好预防工作。本案例中企业早在 2014 年上半年就陆陆续续收到消费者反馈的故障问题，但是企业管理人员却未及时处理，甚至一度将责任推卸给用户，白白错失了化解缺陷产品危机的最佳时机，以至于问题愈演愈烈，最终登上中央电视台“3 · 15”晚会成为热点舆论事件。因此，企业平时应树立强烈的危机意识，同时建立舆情预警系统，随时搜集产品相关的各方面信息，及时加以分析和处理，尽早消除产品可能存在的安全隐患，避免产生危机舆情。

在和政府沟通方面，企业要始终保持积极的态度。政府作为公信力的代表，其对一个事件的态度能在很大程度上影响事件的走向。本案例中，企业在缺陷产品曝光后，始终与原国家质检总局等有关部门保持顺畅的信息沟通渠道，主动配合有关部门的检测和监督，充分展现出积极解决问题的企业社会责任，同时在相关部门发布公告后积极予以回应，这就为企业树立了较好的口碑，也有利于后期的企业声誉恢复。

在和媒体沟通方面，企业应始终遵循以下原则：（1）向公众说明事实的真相；（2）快速做出反应；（3）处理危机应该果断迅速；（4）沟通时不要躲躲闪闪；（5）与媒体和公众分享感受；（6）在组织内部建立可靠准确的信息来源；（7）关注事态变化进行灵活反应；（8）企业应该对外界有关危机的信息做出及时的反馈。本案例中，企业虽然反应迅速，但对于媒体和用户关心的核心问题“能否召回”，在舆论初期未能给出明确的答复，因而在事件发生后媒体舆论一直对其不利，直到企业发布召回公告后舆情才开始平息和好转。

在与消费者沟通方面，企业要始终坚持客户至上的原则。本案例中，企业第一时间发布声明向用户致歉，同时在召回公告中又展现出极大的诚意，对消费者合理诉求予以积极回应，充分表现出对用户的尊重与理解，因而也使得危机能在短短 4 天内顺利化解。

最后，企业要做好危机的善后工作。企业在缺陷产品召回后，一定要对整个事件及处理过程进行一次全面的复盘，总结经验和教训，对危机管理中出现的问题加以改正。危机的爆发往往会给企业的声誉带来深远的影响，因而企业一定要拿出足够的诚意来弥补用户遭受的损失并加强对自身产品的质量监督，从而提高用户对企业的信任与好感。同时，危机之中也孕育着契机，企业要善于从危机中寻找机会。

第三节 某品牌手机召回舆情事件

一、事件曝光

2012年起，某品牌手机成为安卓系统中最畅销机型的常胜者，尤其是该系列手机凭借其高效的手机处理器，漂亮的屏幕、最快的内存、一流的镜头和CMOS，成为中国市场的最大赢家，市场份额、口碑及销量令其他厂商只能望其项背。2016年8月2日，这款手机在纽约、伦敦、里约同时发布，然而，2016年8月24日快科技网报道了题为《某品牌手机充电时爆炸：疑使用非原装充电线》文章，韩国一位提前拿到这一品牌的用户，手机在夜间充电时突然爆炸了，而从现场的图片看，手机损毁严重，好在没有人员受伤。从现场烧毁的手机来看，这位用户应该是使用的非原装充电线进行充电的。由此关于这一品牌手机爆炸的新闻报道逐渐增多，在进行国内舆情监测的同时，为避免出现召回信息不对称，特针对美国、欧盟、澳大利亚、日本、韩国等国家和地区的消费品召回政府监管机构对此事件采取的措施进行监测。

二、深陷“爆炸门”的手机

2016年8月24日快科技网报道了题为《某品牌手机充电时爆炸：疑使用非原装充电线》文章，韩国一位提前拿到这一品牌的用户，手机在夜间充电时突然爆炸了，而从现场的图片看，手机损毁严重不过人没有受伤。从现场烧毁的手机来看，这位用户应该是使用的非原装充电线进行充电的。由此关于这一品牌手机爆炸的新闻报道逐渐增多，在进行国内舆情监测的同时，为避免出现召回信息不对称特针对美国、欧盟、澳大利亚、日本、韩国等国家和地区的消费品召回政府监管机构对此事件采取的措施进行监测。

依据监测到的网络舆情，事件发展进程如下：

8月24日，韩国某手机论坛发布多张疑似这一品牌手机爆炸图片。

9月2日，企业宣布全球召回，中国不在召回范围，并将继续在中国销售。

9月13日，有消息称，香港地区的这一品牌手机出现了电池膨胀事件，企业回应称，该手机非有问题的批次，相信只是个别事件，但详细原因必须有待详细检查。

9月14日，海航发对这一品牌的禁令，中国民航局也发出安全警示，提醒旅客不得在飞机上使用、将其托运或作为货物运输。

同日有网友称其京东购买的手机发生爆炸，晒出的京东订单信息和电子发票，并手机“属于企业说的安全投放大陆市场的第一批”，却不在召回计划内。企业回应称，经过对该产品进行详细分析，推断该产品损坏是因外部加热导致。

9月14日，经总局约谈后，企业宣布自9月14日起，召回2016年7月20日至2016年8月5日期间制造的部分手机，其中中国大陆地区受影响的手机数量为1858台。

9月15日，国内多家公司撇清与这一品牌手机的关系，包括当升科技、亿纬锂能、新宙邦等手机产业链的相关公司。德赛电池也表示，公司尚未涉入锂电池电芯业务领域，这一品牌手机爆炸与公司产品无关。

9月18日凌晨，微博网友曝料称，其自用的这一品牌手机爆炸，就“手机国行版首炸”事件，企业回应称正在调查。ATL声明，根据样品上的燃烧痕迹，其推测发热源于电池本体之外，很有可能存在其他在外因素引起发热问题。国内媒体及很多业内外人士对于这一品牌全球召回却仍在中国上市的看法不一，认为企业有双重标准之嫌疑。有业内人士认为，这一品牌爆炸事件将对手机造成很大的负面影响。

9月19日，又有网友在贴吧曝光了疑似第二起手机的爆炸案例，据称三者购买渠道同样来自京东商城。19日晚间，继电池供应商ATL之后，企业正式发布声明称，经过检测分析，推断该产品损坏是因外部加热导致，与电池无关。

9月20日，韩媒报道称中国消费者或故意加热手机以骗取赔偿金。企业也宣布，正在讨论对主张虚伪爆炸的2名中国消费者进行刑事起诉等法律应对。稍后国行手机首炸爆料人回应："我的造谣罪已经深深影响到企业国际的形象，请企业汇报韩国总部，对我个人提出刑事诉讼，谢谢！"。20 日晚间，深圳市消委会向公司发送了公开质询函。深圳消委会谴责企业：召回手机为何区别对待中国消费者？

9 月 24 日和 26 日分别又有网曝国行这一品牌手机起火，加上这两起事件，来自国行版手机已是发生四次起火事件。接下来几天内又发生了几起爆炸事件。

这一品牌手机爆炸事件发展脉络如图 4-9 所示。

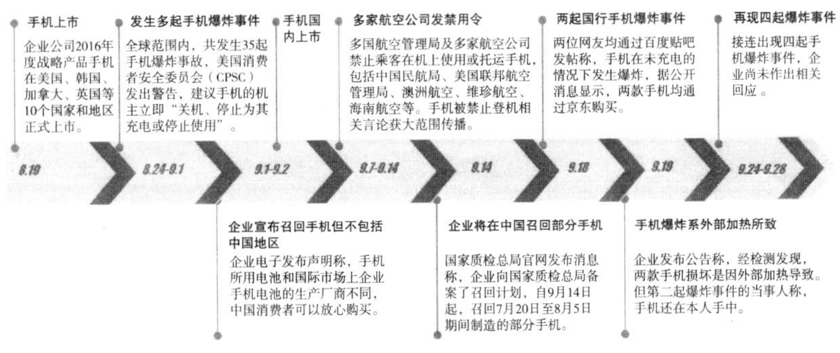

图 4-9　某品牌手机爆炸事件发展脉络图

三、爆炸事件舆情分析

1. 舆情发展历程

根据人民网舆情监测室的监测情况，截至 9 月 28 日 17 时，这一手机爆炸相关新闻媒体报道 58130 篇，博客文章 3470 篇，论坛帖子 9072 条，微博 20424 条，微信公众号文章 27275 篇。自 8 月 24 日在国外论坛中被曝出手机爆炸之后，舆情不断发酵，手机深陷爆炸门，遭遇严重信任危机。这一手机爆炸事件舆情走势如图 4-10 所示。

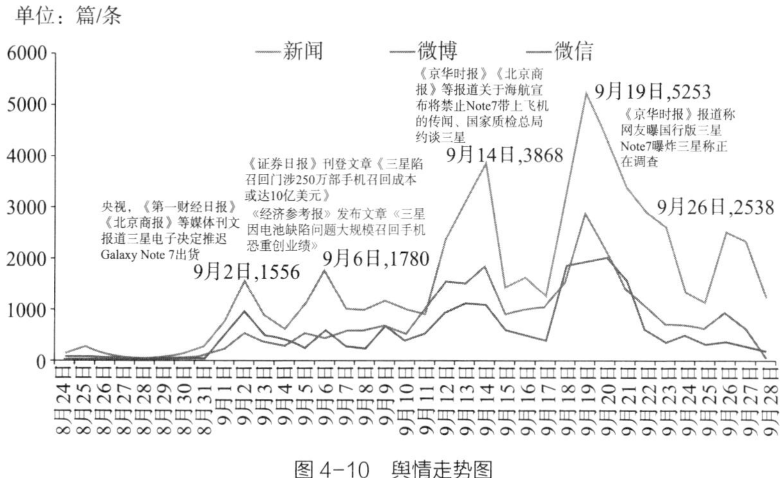

图 4-10 舆情走势图

总体看舆情过程经历了潜伏期、成长期、高潮期和衰退期四个阶段。

（1）潜伏期：事件从 8 月 24 日开始韩国首例手机爆炸，到 9 月 2 日企业宣布全球召回手机，但中国不在召回范围。事件进入舆论潜伏期，针对企业在该事件上区别对待中国与国外的态度引起了相关政府部门的高度重视，原质检总局筹划约谈企业。

（2）成长期：从 9 月 13 日开始事件进入第一次高峰期，此间香港地区出现电池膨胀事件，14 日中国民航局及海航发出禁令，同日又有网友称其京东购买的手机发生爆炸。原国家质检总局约谈企业，企业宣布自 9 月 14 日起在国内召回相关机型，事件进入成长期。

（3）高潮期：18 日又一网友曝料这一品牌手机爆炸，电池生产商推测手机发热源于电池本体之外。19 日又有网友曝光疑似第三起手机爆炸案例，同时企业正式声明称，国内的爆炸事件与电池无关。业内外人士对于企业全球召回却仍在中国上市的看法不一，认为企业有双重标准之嫌疑，这将对企业手机造成负面影响。

（4）衰退期：20 号深圳市消委会向公司发送了公开质询函，谴责企业召回手机为何区别对待中国消费者。同时，随着召回活动的实施开展，此事件逐渐得到平息平稳。

2. **舆情发展推动因素**

以事件发展同期即 2016 年 9 月，利用百度指数搜索关键词“某品牌手机爆炸”，搜索指数如图 4-11 所示。

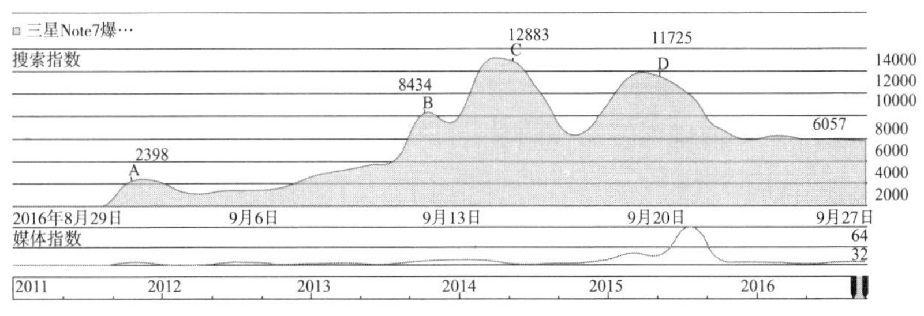

图 4-11 百度搜索指数

9 月 1 日开始舆情进入潜伏期，9 月 13 日即图 4-11 中 A 点，舆情达到第一次高峰，搜索指数为 3369，9 月 19 日即图 4-11 中 B 点，舆情达到第二次高峰，搜索指数为 3656。可以看出指数波动与该事件舆情发展的几个关键节点基本吻合，这说明与网民相关的公共利益因素刺激了舆情的产生，其不断地变化发展也导致了网络舆情的相应变化。同时也说明网络环境作为事件发展过程中媒体及网民信息发布、观点表达的具体场所，为网络舆情的形成与演变提供了重要的物质基础。

舆情传播过程中，新闻及财经类媒体是推动事件热度上升的主力军。通过关键词搜索相关舆情数量达到 22983 条，其中网媒报道 8059 篇，微博 14924 篇。相关媒体报道热度前十名如图 4-12 所示。

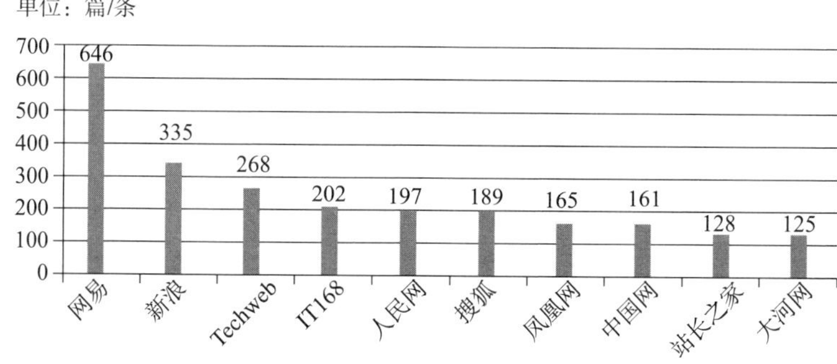

图 4-12　媒体报道热度前十名

以网易、新浪、搜狐为代表的门户网站为主，发表及转载的新闻属于综合性新闻。以人民网、中国网为代表的官方媒体的报道以国外某品牌手机不得在飞机上使用、充电及托运、手机召回等新闻居多。以 Techweb、IT163、站长之家为代表的论坛则是最早爆出这一品牌手机在韩国首爆、在国内首爆、企业计划远程锁死以逼迫用户换机等新闻。

网文转载量越大受众面也越大，意味着该网文的影响力也越大。从首发来源看，转载量较高的文章主要来自地方媒体和财经媒体。新华网、《京华时报》、《每日经济新闻》成为推动舆情热度升高的重要媒体。文章首发来源占比如图 4-13 所示。

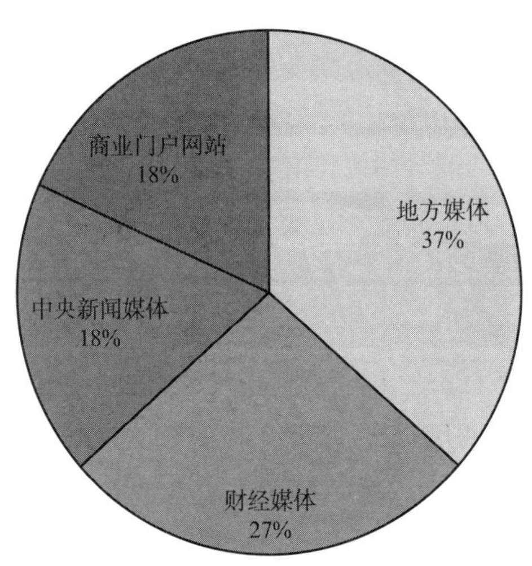

图 4-13 文章首发来源占比

不同类型的媒体对事件的关注角度有所区别。财经媒体例如《证券日报》《21 世纪经济新闻》《每日经济新闻》等媒体则重点关注了企业陷入“爆炸门”之后对业绩的影响，同时还分析了智能手机市场现状。科技类网站则对手机品牌的电池供应商、电池充电技术等问题所反映的电子科技发展问题进行了探讨分析。

3. 舆情主要观点

推动舆情发展的关键点也代表了事件的主要观点。例如，首次宣布全球范围内的这一品牌召回 250 万台手机计划、航空公司以及民航局发布警告、原国家质检总局约谈企业、企业宣布在中国召回 1858 台手机、国行手机现首炸、国内机主拒绝第三方权威机构检测。同时，传播量较大的媒体网文影响力也越大，也代表了舆情传播的主要观点。具体来看，企业手机爆炸事件传播量较高的媒体报道如表 4-1 所示。

表 4–1　热门媒体报道列表

序号	媒体报道标题	首发来源	传播 / 篇
1	国行 Note7 炸机事件再起疑云 机主拒绝将手机送第三方检验	《京华时报》	270
2	三星本土召回 20 万部 Note7 手机 约占售出总量的一半	新华社	229
3	网友曝国行版三星 Note7 爆炸 三星称正在调查	《京华时报》	219
4	三星“炸飞”数百亿美元市值 韩国经济受惊吓	《每日经济新闻》	207
5	三星陷召回门涉 250 万部手机 召回成本或达 10 亿美元	《证券日报》	171
6	三星国行版 Note7 也爆炸了 公司称正在核查事故	《北京青年报》	163
7	美国男子起诉三星：Note7 在裤袋爆炸　导致严重烧伤	中国新闻网	139
8	三星因电池缺陷问题大规模召回手机　恐重创业绩	《经济参考报》	139
9	三星手机电池缘何频频爆炸	《科技日报》	139
10	海航宣布机上禁用三星 Note7 称有爆炸风险	《京华时报》	115
11	禁运规定延伸国内 Note7 电池炸慌三星	北京商报	105
12	三星 Note7“爆炸门”持续发酵 专家详解技术和品控缺陷	《21 世纪经济报道》	99
13	iPhone7 在三星电池爆炸之际杀到 高端市场需求下滑	《每日经济新闻》	79
14	海航未禁止 Note7 上飞机：只要关机不充电	《北京日报》	79

表 4-1（续）

序号	媒体报道标题	首发来源	传播/篇
15	韩 Note7“爆炸门”发酵三星电子业绩品牌受打击	中国新闻网	79
16	三星 Note7“电池门”持续发酵 市值蒸发超 200 亿美金	新华网	54
17	换新机或全额退款 三星澳洲自愿召回逾 5 万台手机	中国新闻网	52
18	三星 Note7 召回中国又成“例外” 傲慢底气从何来?	新华网	48
19	Note7 将彻底抛弃三星电池 转投中国供应商	凤凰科技	47
20	三星全球召回 Note7 手机 或砸 10 亿美元挽回声誉	中国日报网	35
21	三星停售和召回盖乐世 Note7 影响营业利润	新华社	33
22	三星手机事故频发　三星电子首次公开要求消费者停用产品	央广网	32
23	三星 Note7 为啥会爆炸? 快充技术不成熟是原因之一	新浪科技	31
24	三星召回 Note7，让电池制造子公司走入聚光灯下	腾讯科技	30

选取有代表性的、转载量较大的官方和媒体网文，同时考虑不同影响因素，如转发数、评论数、点赞数、互动量、粉丝数和关注数，筛选出有代表性的、影响力较高的微博，将所有筛选出的网文进行主题热词分析，利用图悦在线绘制热词词频如图 4-14 所示。出现频率较高的关键词有手机电池、爆炸、召回、事故等，说明事

件的中心主题。出现频次较多的相关主体有质检局、民航局、消委会、韩国、欧美、消费者、韩媒等，事件有关的热词有技术、监管、经济、加热、检测、隐患、冰点、销售、安全、权威性等，事件各方采取的态度类热词有：进退维谷、猫腻、腹背受敌、回应、禁用、谴责、诉讼、赔偿、缺陷等。

图 4–14　媒体网文与微博热词词频

可以看出，国内官方和媒体报道除了客观梳理事情进展之外，还有针对企业的危机公关方式、企业在中国能否东山再起、中国屡次遭遇外企“双标”的缘由展开讨论。企业声誉严重受损、未来市场堪忧成为舆论共识和主流观点，也有个别媒体在评论中指出，国家质量监督管理部门应该积极介入，开展缺陷调查，维护中国消费者的合法权益；同时，应加强技术标准体系建设，提高产品质量标准，加大惩罚力度和建立追责机制。

此外，选取媒体以外的其他影响力较大的微博进行词频分析，绘制热词词频图并统计出现频次较多关键词，除了爆炸、手机、召回、电池等这些描述事件的主题词，还有相关主体，如美国、韩国、航空、消费者、苹果、品牌、市场等，以及事件有关的问题如禁令、安全、回应、深陷、事故、起诉、加热、更换、安全、停售、洋品牌等。

可以看出，广大网民总体表现较为理性，主要通过媒体信息了解事件真相，对博文多数只是转发、点赞，参与博文评论的多数是针对消费者利益相关的问题，如手机的召回问题，企业针对国内外的区别对待，航空公司的禁令、安全，相关主体、政府部门的回应态度，企业手机以及其他品牌手机的市场销售情况，极少有非理智抱怨的态度出现。表明了我国网民的网络素质不断提高，也表明我国政府部门在对网络舆情引导和管理方面展示了较高的管理水平。

4. 事件中相关方的应对

自发生首起爆炸以来，企业起初认为是用户操作不当引起爆炸，态度十分强硬，到后来态度软化，启动全球置换计划却拒绝更换国行版手机，直至一个月后，该手机才在全球范围内全面停产。在这过程中，企业面对原国家质检总局的约谈，宣布了国内的第一次召回，召回新闻如下：

三星（中国）投资有限公司召回部分 Galaxy Note7 数字移动电话机

发布时间：2016-09-14

日前，国家质检总局执法司组织质检总局缺陷产品管理中心与三星（中国）投资有限公司进行会谈后，该公司向国家质检总局备案了召回计划，将自 2016 年 9 月 14 日起，召回 2016 年 7 月 20 日至2016年8月5日期间制造的部分Galaxy Note7数字移动电话机，中国大陆地区受影响的数字移动电话机数量为1858台。该部分产品为2016年9月1日正式销售前通过三星官网盖乐世社区等渠道，通过以旧换新等方式提供的测试体验用数字移动电话机。

本次召回范围内的数字移动电话机电池在阳极与阴极隔离膜局部变薄，并且绝缘胶带未完全覆盖极板涂层的情况下，出现短路现象，导致电池异常发热，极端情况下可能发生燃烧，存在安全隐患。对于召回范围内的数字移动电话机，三星（中国）投资有限公司将免费为客户更换一台同型号的符合相关要求的全新数字移动电话机，以消除安全隐患。

三星（中国）投资有限公司将自2016年9月14日起在官方网站（www.samsung.com）上发布召回计划，并由专人逐一通知顾客进行更换。消费者也可以通过顾客服务热线（400-810-5858）进一步了解具体情况。用户也可登录国家质检总局网站（www.aqsiq.gov.cn）、国家质检总局缺陷产品管理中心网站（www.dpac.gov.cn）以及关注微信公众号（AQSIQDPAC）了解更多信息。此外，也可拨打国家质检总局缺陷产品管理中心热线电话：010-59799616反映召回活动实施过程中的问题或提交缺陷线索。

不难看出，企业在原国家质检总局的约谈下召回了千余台与国外召回同批次的手机，然而面对国内销售的手机却在不断否认产品本身有问题，结果一边否认却一边爆炸事件不断。在原国家质检总局发布的第二次召回新闻描述中可以看到，该召回是在约谈和启动缺陷调查后发布的，召回新闻如下：

三星（中国）投资有限公司召回 SM-N9300 Galaxy Note7 数字移动电话机

发布时间：2016-10-11

日前，在国家质检总局执法督查司进行约谈和启动缺陷调查情况下，三星（中国）投资有限公司向国家质检总局备案了召回计划，决定自 2016 年 10 月 11 日起，召回在中国大陆地区销售的全部 SM-N9300 Galaxy Note7 数字移动电话机，共计 190984 台（包含 2016 年 9 月 14 日公告首次召回的 1858 台产品）。

本次召回范围内的产品，由于存在异常发热、燃烧等问题，有可能发生起火等严重后果。截至目前，在中国大陆地区已经发生 20 起过热、燃烧事故。为了保护消费者人身财产安全，三星（中国）投资有限公司自 2016 年 10 月 10 日起已经停止生产、销售 SM-N9300 Galaxy Note7 数字移动电话机产品，并将采取以下两种措施实施召回：（1）免费为消费者更换为其他型号全新三星手机，并退还两个产品之间的差价，赠送购物券 300 元；（2）按照原购买价格全额退款，同时回收产品。消费者可以自主选择以上两种方式之一。消费者因配合本次召回所产生的产品邮递费用由三星（中国）投资有限公司承担。

三星（中国）投资有限公司将自 2016 年 10 月 11 日起在官方网站（www.samsung.com）上发布召回计划。消费者可联系原销售商进行退货、换货等相关事宜，也可以通过顾客服务热线（400-810-5858）进一步了解具体情况。消费者也可登陆国家质检总局网站（www.aqsiq.gov.cn）、国家质检总局缺陷产品管理中心网站（www.dpac.gov.cn）以及关注微信公众号（AQSIQDPAC）了解更多信息。

此外，也可拨打国家质检总局缺陷产品管理中心热线电话：010-59799616 反映召回活动实施过程中的问题或提交缺陷线索。

正如沃伦·巴菲特所说，“树立良好的声誉需要二十年的时间，而毁掉它，五分钟就足够了。”当危机发生时，失当的危机公关带来的二次伤害，有时并不逊于危机本身。企业作为事件主体，受到各界强烈关注，其声明和回应推动着事情进展，并且掀起讨论浪潮。而在事情进展过程中，除原国家质检总局、中消协的行动外，相关方如中国民航局、华为公司的相关举措和回应也加剧了事件的复杂性，如图 4-15 所示。

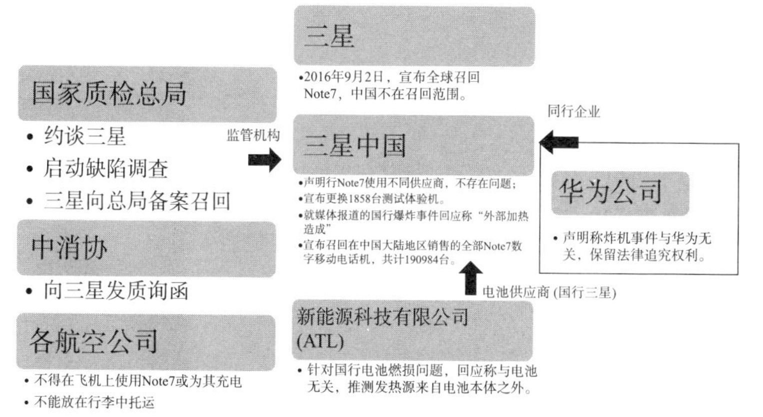

图 4-15 相关主体的回应

四、召回后的舆情分析

这一品牌手机召回后主要有两个方面的舆情：一是手机爆炸事件由质量危机演变为了信任危机，特别是召回“双标”以及对国行爆炸问题的处理，使企业的信誉一落千丈，造成企业在中国陷于舆论包围中，口碑和声誉遭到重创；二是俗语有云“亡羊补牢，未为迟也”，最终企业采用免费更换其他型号全新手机或全额退款方式召回了在中国大陆销售的全部手机，共涉及 190 984 台，从召回效果来看虽然媒体报道企业在召回实施过程中出现服务性问题，如沟通时间长、无法顺利退换，换货或退款时间长等问题，但其在全球 96% 的召回完成率以及在国内召回完成率超过 99%，这一数据在缺陷消费品召回领域都属于非常充分有效的召回。

五、案例总结

手机召回事件是近年来电子电器产品召回案例中影响力最大的一起案例，该案例舆情的爆发和扩散对其他 3C 产品有重要参考和借鉴意义。

（1）注重时效性

科学技术是第一生产力，科技的发展同样对舆情传播的载体、形式、速度产生了巨大的影响，因此在召回舆情应对中，信息传播速度对于消除负面影响和第一时间影响舆论起着重大的作用，尤其是手机产品本身就是信息发布的主要工具，在出现问题时，更易引起关注和扩散，成为热点舆论事件，因此企业应更快速的采取行动，以消除安全隐患、保障人身财产安全为第一己任。

（2）加强危机意识

企业应未雨绸缪地进行舆情监测，尤其是对于产品质量和涉及产品安全相关的信息，透过案例，可以看出，企业在经历手机爆炸事件、国外召回事件、航空禁止携带登机、国内监管部门约谈等一系列事件中缺乏危机意识和紧急应对措施能力。想以逃避、怠慢、轻解释等方式等待舆论消亡不如转为设身处地地站在广大消费者立场去换位思考。

第五章

企业面对召回舆情的沟通策略

CHAPTER5

召回舆情的演化过程中，除了召回企业外，还涉及多个利益相关主体，如召回监管部门、消费者、媒体、行业竞争对手等等。不同的利益相关主体对信息的需求在不同阶段有较大差异。而且各个主体在召回事件中的态度与举措都会影响到其他主体的反应，进而影响到舆情的演化与走势。召回企业需要根据事件特征和各个利益相关主体采取有针对性的沟通方案，以便提高舆情沟通的有效性。

第一节 及时主动依法依规落实主体责任

产品缺陷发生后，无论是媒体还是公众，都会把缺陷产品的责任归因、召回过程中的合规性、监管部门的监管结论等作为舆情线索或者意见形成的重要依据。由于媒体和公众缺乏必要的专业知识与关键信息对事件进行判断，而召回企业作为涉事主体，其信息的可信性会在召回情景下受到大幅降低，一旦召回企业被发现召回产品在生产过程中出现违法违规现象，就会引发巨大的舆情关注；甚至不实信息得到媒体与公众的评论与关注后，造成负面舆情的广为扩散。此时监管部门的态度与处理结论对于舆情的走势影响至关重要，例如，监管部门的监管结论或者监管进展公告，将会对召回事件的舆情引导起到关键的导向性作用，也能及时澄清或扭转一些不实消息的流传。此外，突发的舆情关注往往也成为监管部门进行舆情判断与召回技术会商的重要信息来源。所以，为了让监管部门能够更准确地掌握缺陷产品的相关信息，企业应该及时报送监管部门需要的缺陷产品的相关信息，主动配合监管部门的缺陷原因调查，积极主动的满足监管部门的监管需求，以便于缺陷原因得到尽快确认、召回处理措施得到尽快制定与落实，促进整个召回事件得到快速和完整的解决。

缺陷汽车产品召回的主管部门是国家市场监督管理总局，其下属缺陷产品管理中心为召回业务管理的日常性机构。汽车生产或者销售企业应该根据《缺陷汽车产品召回管理条例》《缺陷汽车产品召回管理条例实施办法》《缺陷汽车产品召回信息系统管理办法》《缺陷汽车产品召回专家库建立与管理办法》《缺陷汽车产品调查和认定实施办法》及《缺陷汽车产品检测与实验监督管理办法》等法规制度的规定，积极主动的满足监管部门的监管要求。

对于缺陷消费品召回，国家市场监督管理总局根据产品存在伤害及安全隐患的风险程度实行目录管理，其召回管理的依据是《缺陷消费品召回管理办法》。目前，纳入目录管理的有电子电器、儿童用品两大类；尚未列入目录且需要召回的，若无相关法律法规做出规定的，亦可依照该办法实施召回。与汽车缺陷产品略有不同的是，缺陷消费品召回的监管工作，是由该辖区省级质检部门所负责的，并接受国家市场监督管理总局的指导和协调。

一、与监管部门的信息沟通流程与要求

缺陷汽车产品的召回流程如图 5-1 所示。缺陷产品管理中心根

据缺陷汽车产品信息系统提供的报告，组织专家进行初步评估和分析判断，由国家市场监督管理总局向生产者发出《缺陷汽车产品初步判断通知书》，若生产者承认缺陷，即可进入主动召回程序；若生产者认为缺陷产品无需召回，可在规定时间内向国家市场监督管理总局提交“不需要实施产品召回的书面报告”和相关证明材料，由国家市场监督管理总局委托管理中心组织专家审查若审查不通过，则由国家市场监督管理总局在5个工作日内送达《缺陷汽车产品技术鉴定通知书》，同时成立专家委员会参与调查，调查期限为30个工作日（情况复杂时，调查期限最多可延长至60个工作日）。国家市场监督管理总局根据专家委员会的技术认定建议，经讨论确认产品存在缺陷的，向生产者发出《缺陷汽车产品认定书》及《缺陷汽车产品召回通知书》，通知生产者实施召回。若生产者在15个工作日内既不实施召回，又不向国家市场监督管理总局提出异议或异议不通过者，将由国家市场监督管理总局责令召回。

生产者实施召回，应按国家市场监督管理总局的规定制定召回计划，并自确认汽车产品存在缺陷之日起5个工作日内或者被责令召回之日起5个工作日内向国家市场监督管理总局备案。若生产者自行发现产品缺陷的，可直接向国家市场监督管理总局备案召回计划，实施主动召回，流程图如图5-1所示。

2013年3月15日，央视“3·15”晚会曝光了大众DSG汽车问题，将大众公司推到了舆论的风口浪尖。3月16日，原国家质检总局要求大众公司履行法定义务实施召回，促使大众公司自2013年4月2日起召回部分问题汽车。其实，早在2012年3月，原国家质检总局就已经启动了对大众DSG问题汽车的调查。

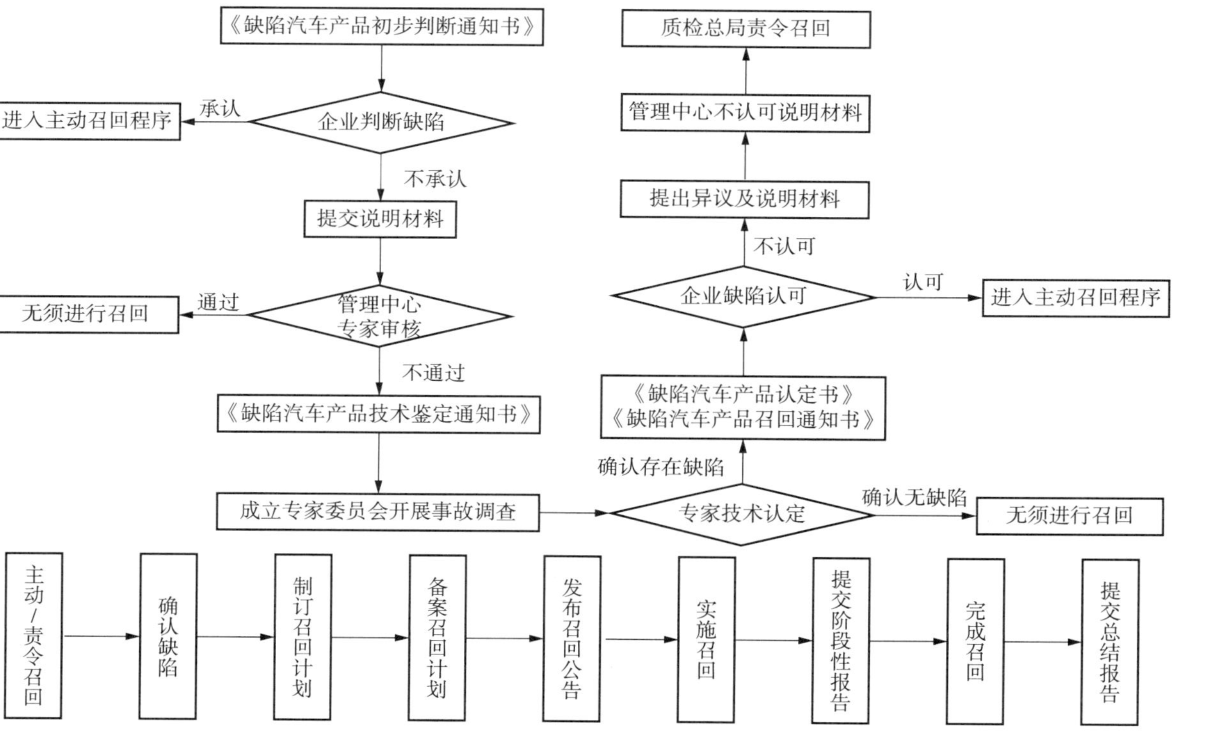

图 5-1　缺陷汽车产品召回流程图

在一年中，原国家质检总局对大众 DSG 进行了跟踪监测，进行了 10 余次现场调查，面向社会公开征集相关故障信息，组织专家进行分析论证，4 次正式约谈大众公司负责人，多次要求大众公司实施召回。但大众公司称该问题不涉及车辆安全，将不采取召回，只通过延长质保等方式予以处理。大众 DSG 事件告诉我们，企业若不按照监管部门规定实施召回，将会面临更多更复杂的舆情演化，对企业产生非常不利的影响。因此，不抱有侥幸心理，按照监管部门的要求实施召回，是企业化解召回舆论危机的根本基础。

消费品与广大民众联系紧密，消费品的安全问题更是日益受到社会的广泛关注，如纳恩博平衡车产品，其工作原理主要是采用倒立摆原理来保持自身动态平衡，利用车体内部的陀螺仪和加速度传感器，实时检测车体姿态的变化，并利用伺服控制系统，驱动电机进行相应的调整，以保持系统的平衡。这样一款新颖并深受消费者欢迎的运动娱乐装备安全问题却频频出现，原国家质检总局经过综合信息会商、缺陷技术会商后启动缺陷调查，约谈企业，要求企业开展自查其产品是否存在缺陷，如果存在缺陷就应采取措施加以解决等。经过数次双方的技术研判及实验分析，该产品被认定为缺陷产品，2017 年 6 月 9 日，纳恩博（常州）科技有限公司向原国家质检总局备案了召回计划，并实施缺陷产品召回。实施召回并不意味着产品质量差，而企业积极负责的态度远强于一味的推诿；企业在自查中发现存在安全隐患或收到缺陷线索后，应尽早启动备案工作，告知监管部门，并准备召回方案及消除安全隐患的措施。

二、与监管部门的信息沟通重点与任务

1. 缺陷未显期

企业没发生召回事件并非意味着就一定没有产品缺陷的可能，很多召回事例已经证明，缺陷原因多种多样，而且一些简单的设计或者生产瑕疵都会引发产品缺陷。在产品缺陷未显现时期，企业应该充分做好产品缺陷的预防与检测工作，并与质量监管部门建立顺畅的信息沟通渠道，并应做到以下几点。

（1）熟悉并制定产品召回管理制度及预案

召回事件发生后，需要召回企业的销售、生产、财务等多个部门及时响应与通力合作。如果内部缺乏完善的召回管理制度与召回流程，整个召回过程就会表现出忙乱与无序，甚至会给召回事件雪上加霜，如果这其中引发了消费者的不满与投诉，可能会进一步刺激召回舆情的扩转。2017 年 12 月，东风本田陷入“机油门”事件。从最初的厂家声明一直到后来的缺陷处理结果，都没有得到消费者的满意，从而激化了舆情演化，使消费者在国家市场监督管理总局缺陷产品管理中心以及各类汽车投诉平台上进行了大量投诉，甚至还做出了拉横幅等不理性维权行为。使得东风汽车在消费者群体中的品牌口碑受损。

一个完备的企业召回管理制度，能将缺陷产品的召回事件应对进行详细可行的责任化与流程化，从而确保企业有条不紊的应对产品召回事件。企业召回管理制度不能只关注企业内部的协调，还要做好与外部机构的对接。企业的质检部门作为与国家市场监督管理

总局沟通对接的窗口，应向监管总局及时上报企业信息和需求，并将来自国家市场监督管理总局的要求传达至企业内部。

缺陷产品召回过程中随时都可能会发生超出现有召回管理制度规定范围的各类突发事件，如引发市场对企业其他产品的质疑，若为上市公司，可能股价面临下跌等。这就要求企业在制定召回管理制度的同时，尽其所能考虑到各种可能出现的突发情景，并拟定出相应的应对方案。如果发生了与预案库中类似的突发事件，企业就能在第一时间作出回应，将突发事件带来的影响降至最低。

（2）成立跨职能部门召回管理小组

企业应组建产品召回管理小组，应对复杂的召回情况。小组成员通常包括企业总裁，以及总裁办公室、生产部、质检部、财务部、公关部等部门主要负责人。召回管理小组在召回管理中处于信息传达和处理的中枢位置，并同时担负着领导和协调工作。而企业的质检部门在召回过程中直接对接国家市场监督管理总局，起到传递监管需求信息、发布重要讯息、沟通内外、协调上下的枢纽作用，所以在召回管理小组中，质检部门的负责人可以充当信息报送负责人的角色。

召回管理小组在召回事件发生的不同阶段承担不同的职责。在未发生召回事件时期，召回管理小组应组织制定召回管理制度和预案，有条件的情况下，还可以进行召回事件演习。当召回事件发生时，企业的召回过程就应以召回管理小组为中心，听从小组协调指挥，让企业在保持沉稳有序的前提下，迅速制定应对方案并组织实施；积极保持与政府监管部门、媒体、消费者的沟通，积极向监管部门汇报召回过程各阶段情况，向政府寻求支持援助；在召回事件结束后，还应组织进行评估总结，优化召回流程。

（3）建立健全召回信息系统

国家市场监督管理总局缺陷产品管理中心所应用的缺陷汽车产品召回信息管理系统，能汇总并处理有关缺陷汽车产品信息，备案生产者信息，发布缺陷汽车产品信息和召回相关信息，涵盖了车主投诉、各地质量监督检验检疫等政府部门、消费者协会、汽车生产经销商、保险公司等单位的质量问题信息等。企业应建立健全自身召回信息系统，包括产品质量预警系统、产品可追溯系统、客户跟踪系统。

产品质量信息预警系统负责收集来自维修中心、客服中心、供应商、外界媒体、缺陷产品管理中心等各方的缺陷信息，过滤并处理、识别出高风险信息信号，及时传递给企业内部各责任部门及召回管理小组。而接入国家市场监督管理总局缺陷汽车产品召回信息管理系统是建立产品质量信息预警系统的关键，企业需要与缺陷汽车产品召回信息管理系统信息采集、数据分析部门建立合作关系，将自身信息系统与缺陷汽车产品召回信息管理系统对接，实现企业与政府之间数据交换，使企业及时获得大量相关信息，用于自身的危机管理。产品可追溯系统即记录和跟踪整个生产流程，以使得出现产品缺陷后能够快速查找定位，提高对缺陷产品的响应度及控制力。客户跟踪系统负责收集客户信息及向客户通知传达产品缺陷信息。

这三部分信息系统相互关联，共同组成了企业的召回信息系统。产品质量信息预警系统从缺陷汽车产品召回信息管理系统或其他信息源获取产品缺陷信息，传递至召回管理小组进行分析讨论，借助产品可追溯系统快速定位缺陷产品的范围，制定召回方案，再通过客户信息系统及时通知到相关车主。

（4）学习相关规章制度，熟悉召回流程

熟悉产品召回相关的规章制度及流程，可以保障召回事件发生时企业的快速响应，提高召回流程的流畅性。因此，召回管理小组可依托人力资源部门定期开展学习讨论，熟知缺陷汽车产品召回相关规章制度及流程，通过相关案例的分析研讨来不断优化自身的召回管理制度。此外，缺陷汽车产品召回的相关政策法规在不断更新，能否正确解读相关规定也直接影响了召回实施的结果，因此企业可以定期邀请国家市场监督管理总局专家或知名学者来企业作报告，了解缺陷汽车产品召回领域的最新动态，同时也能加强与政府监管部门的日常交流，有利于事件处理时期的顺利沟通。

（5）主动向国家市场监督管理总局备案

缺陷产品生产企业应当向国家市场监督管理总局备案相关信息，包括自身基本信息、产品参数、初次销售的车主信息、故障修理及退换货信息、境外召回情况、技术服务通报及公告等信息，并且当信息发生变化时，应当在 20 个工作日内进行更新。企业在缺陷汽车产品召回信息管理系统中的备案信息越详实，缺陷产品管理中心对产品缺陷风险的初步评估和判断就能越准确。同时，企业也应将获知的汽车产品可能存在缺陷的相关信息主动向国家市场监督管理总局报告。

2. 缺陷初现期

很多产品缺陷都是消费者在使用的过程中发现的，并以缺陷报告的形式反馈给企业以及政府市场监督管理部门。地方市场监督管理部门会将信息逐级上报至国家市场监督管理总局，汇总于召回信息管理系统，所以企业建立的产品质量预警系统能从中获取大量投诉信息，用于缺陷的排查及风险的预测和评估。同时，缺陷产品管理中心根据召回信息管理系统中的数据，以及网络中产品质量相关舆情进行信息关联、汇总，通过综合信息会商研判后，还会组织专家对缺陷进行进一步评估和分析判断，并在必要时告知企业相关缺陷产品信息。企业反过来也可以主动将自身获取的投诉信息反馈给缺陷产品管理中心，通过管理中心的专家帮助对缺陷原因进行分析。

除了正规途径的投诉，消费者还可能会在各种平台上表达出他们的投诉和不满，并引起相关媒体的报道。这些报道有可能是真实的，也有可能是片面的，甚至是错误的、别有用心的。监管部门的权威性能帮助召回企业澄清事实，帮助遏止小道消息的传播，引导舆论发展，化解负面舆论。必要时政府也能为企业提供政策性援助，帮助企业渡过难关。这就需要企业积极主动地与国家市场监督管理总局、省市级市场监督管理部门沟通、依法依章程办事，赢得政府信任，以获得监管部门的支持，通过监管部门的权威性来引导舆论，掌握召回过程的主动权。

同时，监管部门作为权威信息发布者的代表，其对于一个事件的表态能在很大程度上影响事件的走向。在2016年的宜家抽屉柜召回事件中，宜家起初给出“符合国标就无需召回”的态度，一直被媒体所诟病，直至原国家质检总局约谈后，宜家才提出召回计划。在监管部门约谈后，宜家对缺陷产品的态度从抗击型转到了适应型，召回舆情也对应产生了从负面到正面的变化。

3. 缺陷调查期

在接到《缺陷汽车产品初步判断通知书》后，企业的召回管理小组应在 24 小时内召开会议讨论，立即调动生产和技术等相关部门，完成对产品的初步检查鉴定，并于 15 日内上报国家市场监督管理总局。当《缺陷汽车产品技术鉴定通知书》正式下发后，国家市场监督管理总局会组织专家委员会对产品进行鉴定工作。企业应当在收到通知后的 5 个工作日内提出应当回避的专家名单及原因。专家委员会首先会根据已有资料确定调查方案并通知企业，再对生产者、销售商、修理商、车主及现场等进行调查取证。专家委员会成员和候补成员的名单对企业来说是保密的。在取证过程中，企业应当做到公开透明，不隐瞒、不遮掩，积极配合专家委员会的调查，主动向专家委员会说明情况，并按要求提供证明材料。

日本高田公司曾是世界三大安全气囊供应商之一，却因隐瞒产品安全隐患问题，导致了日本制造业史上最大规模的破产案，断送了家族企业的未来。2004 年，美国阿拉巴马州一辆 2001 年款本田雅阁轿车安全气囊炸出金属碎片致使驾驶员受伤；2008 年，本田召回了 4000 辆装有高田气囊的汽车；2009 年，又一位美国 2001 年款本田雅阁驾驶员因为安全气囊金属碎片划破颈动脉而丧生。2014 年，美国高速公路安全管理局（NHTSA）正式介入高田气囊调查。在整个调查期间，高田公司不仅故意隐瞒重要信息及具体数据，还销毁样品及记录、伪造安全数据，一味推脱，拒绝美国当局全美召回的要求。2015 年，高田被 NHTSA 勒令支付每天 1 万 4 千美元的罚款；2017 年，高田公司最终认罪，接受 10 亿美元的处罚金，并申请破产保护。

4. 召回实施期

根据《缺陷汽车产品召回管理条例》，政府的质量监管部门应该在缺陷汽车产品召回的过程中履行监管的职能。缺陷产品召回方式分为主动召回和责令召回两种。在主动召回过程中，监管部门更多地扮演调查、引导、协调的角色，而在责令召回过程中，监管部门更多地履行监督、处罚的职责。相比于主动召回，监管部门在责令召回过程中对企业的监管和控制更为严格。企业积极进行主动召回，能体现出企业站在消费者角度为公众安全着想的责任感及勇于承认错误的魄力，有利于树立企业的正面形象。同时，也在召回过程中向政府监管部门传达企业服从政府监督管理、自觉加强行业自律、积极主动进行召回的诚意与决心。

无论是主动召回还是责令召回，企业都需要制定出召回计划及召回公告，并自确认汽车产品存在缺陷之日起 5 个工作日内或者被责令召回之日起 5 个工作日内，向国家市场监督管理总局执法督查司召回处备案召回计划；已备案的召回计划有变更的，需要重新进行报备，并附带说明。这就要求企业召回管理小组在 24 小时内迅速组织召开会议，讨论并拟订出召回计划的基本方针和框架，再由质检部门牵头，统筹协调各部门分工对召回计划进行补充和完善，并可以提出修改意见。例如生产及销售部门应采取应急措施，利用产品可追溯系统及时跟踪、遏止缺陷产品的流出，并向质检部门提交缺陷产品流出情况分析、缺陷分析及应急解决方案等；财务部门应计算召回过程的实际财务损失、评估召回过程的财务风险等；总裁办公室负责审核质检部门拟写的召回公示及各类对外公示材料等。

官方召回公告的推出即标志着企业正式进入召回阶段。企业首先应当在备案后的5个工作日内，利用各种渠道发布缺陷汽车产品信息和实施召回的消息，并于30个工作日内向车主告知产品缺陷、应急处理方法和生产者缺陷消除措施等事项。除了官方网站公告、电话通知、挂号信通知等方式，也可以借助召回信息系统、手机APP等途径实现召回公告的快速精准投递。

企业在实施产品召回的过程中总会遇到各种棘手的问题，若有监管部门的推动或者介入可有助于这些事件得到更好更快地解决。召回企业通过与国家市场监督管理总局以及省市质检部门之间保持密切的联系，及时汇报事态发展的最新动态，就可得到相应的反馈。如在召回事件中，经常会发生消费者的非理性维权行为，此时单靠企业自身的力量往往难以平息，通常需要借助监管部门的力量进行调解和疏导。2014年，一汽大众速腾汽车针对后轴纵臂断裂问题提出了安装金属挡板的召回措施。消费者因不满该召回方案，自发组织维权行动，全国共计20余省市100多座城市发生了维权活动，网络上的召回舆情也是愈演愈烈，同时也伴随着围堵4S店、乱拉横幅等非理性维权行为。此时，全国各地工商部门联合消费者协会迅速出面调解，安抚群众情绪，原国家质检总局启动缺陷调查，并及时公布试验细节，包括视频、问题解答、调查数据等，用数据说话，科学的引导正向舆论。

在这个阶段，召回企业每3个月应当向国家市场监督管理总局相关部门提交一次阶段性报告，汇报召回的进展，有助于国家市场监督管理总局的召回完成情况监督。

5. 召回完成期

企业首先应当在完成召回的15个工作日内，向国家市场监督管理总局缺陷产品管理中心提交召回总结报告，并做好缺陷汽车产品召回记录的存档工作，保存至少十年以上（缺陷消费品保存至少五年以上），以备日后查证。这一批召回记录和数据对企业来讲具有很高的研究价值，企业召回管理小组应组织成员进行总结讨论，汲取本次召回行动中的经验教训，不断优化企业内部召回管理制度与预案，完善召回信息系统。仔细研究专家委员会撰写的《缺陷汽车产品认定书》，检查同类产品是否具有相似的安全隐患，避免同类事件的再次发生。

第二节 积极向媒体展现企业的诚恳姿态

产品召回事件发生后，新闻媒体既是召回舆情的推波助澜者，也是最新召回信息进展的发布者。召回企业通过积极地向媒体展现企业的处理缺陷产品的诚恳姿态，将有助于消费者、媒体、研究机构等舆情关注者及时准确获取最新的召回进展信息，同时企业在召回过程中的积极形象也会适度传递出去，这对召回舆情的化解起到重要作用。

一、召回舆情下媒体沟通的目的与渠道

伯纳德·科恩指出：“在多数时间，报界在告诉它的读者该怎

样想时可能并不成功；但它在告诉它的读者该想些什么时，却是惊人地成功”。这体现了媒体的议程设置对公众感知的重要影响。而有关议程设置的最近研究显示，议程设置不仅在议题层次发挥作用，而且在议题属性上也发挥作用。具体到产品召回情景中，媒体新闻不仅会告诉我们该思考和关注哪些企业的产品召回，而且也会告诉我们该怎样看待召回企业和产品。在企业产品召回过程中，媒体会运用传媒工具自行设定选择：关于产品召回报道标题的大小和语言是否具有冲击力，报道内容的篇幅长短、登载的版面是否重要和醒目；产品召回报道在新闻播出中的位置、长度和形式等。这些线索将引导公众是否将企业产品召回议题列为自己关注的重点，影响他们对涉事企业召回议题重要性的感知和认识。

企业发生召回舆情意味着形成了新的媒体传播热点并得到社会的广泛关注。然而，召回舆情发生时媒体往往倾向于关心弱者，在信息不对称的情况下，媒体容易更多地为购买了缺陷产品的消费者发言而站在召回企业的对立面。因此，召回舆情下的媒体沟通，就是召回企业在面临召回事件的负面舆情时，为了应对媒体报导，企业内部应尽快调查原因，弄清真相，进行相关的信息通报与搜集、舆情认定、新闻预判等新闻相关信息处理工作，尽早实施新闻发布工作，向媒体通报完整的信息，以及新闻事件现场所实行的应变措施等对外媒体沟通行动，希望透过媒体，说明企业对于产品伤害事件的处理立场，以争取公众支持，并赢得媒体正面报道，特别要展现出召回企业的诚恳姿态。

1. 媒体沟通的目的

召回舆情下召回企业与媒体进行沟通的目的在舆情的各个阶段

是不同的。可以简单划分为舆情前期，中期和后期三个阶段。

（1）在召回舆情的前期，其实也是舆情的潜伏期，企业召回管理部门需要收集相关的信息资源，以便从多方面、多角度对现状做出初步反应，在这一过程中媒体的报道内容与新闻诉求是信息搜集的重要依据。例如，在宜家马尔姆系列抽屉柜事件中，事件爆发两周内国内各级媒体对此事件进行了大量报道，百度指数也达到了峰值，宜家可以从媒体的集中报道内容中获取舆情的关注要点，评估公众对缺陷产品的关注度和诉求，从而进行信息采集与整合，以便为产品召回的决策（是否需要召回，如何开展召回）做好准备工作。

（2）在召回舆情中期，也就是在企业发布召回公告后，市场和消费者正在对召回事件做出反应的时期，企业要有针对性地通过和媒体对话、宣传、引导，发挥媒体的传播、聚合功能，及时通过多个渠道掌握最新和最准确的舆情信息并加以分析综合，适时发布新闻，向消费者进一步阐明企业召回行为的意义和企业的有关政策，满足消费者知情权。同时也能通过媒体告知的功能，协助企业的召回行动，提升与建立企业积极处置产品伤害问题的正面形象。

（3）在召回舆情的后期，也是召回事件的舆情恢复期，舆情已基本恢复正常，但召回事件可能会存在不同程度的持续影响。此时企业需要有效地利用媒体来发动消费者和公众对召回事件的理性思考。企业不应该回避曾经的产品缺陷，而是需要去寻求避免同类舆情危机的出现和制定有效缺陷管理的整个措施，虚心从中汲取经验。

2. 召回舆情媒体沟通的渠道

召回舆情媒体沟通的渠道包括传统媒体和新媒体渠道。两种渠道各有其传播特点和优劣势，并面向不同的受众范围。从目前各大召回事件来看，召回舆情的媒体沟通往往需要传统媒体和新媒体两种渠道的融合来取得最佳的沟通效果。

（1）传统新闻媒介及特点

传统新闻媒介包括纸媒和广播电视媒体。传统媒体往往是自上而下一对多的单向性传播形式，将信息附带在报纸等载体中，然后带有强制性地传播出去。这种形式传播速度较慢，承载信息量也相对有限。在这种传播形式下，受众很难做到及时反馈，缺乏互动。例如，一家召回企业在报纸上发布了产品召回信息，只能起到发布信息的作用，而无法及时接收到消费者的反馈，比如说消费者通过报纸接收到召回信息后的召回意愿和其他建议。

然而，传统媒体仍具备一些新媒体无法取代的优势。例如传统媒体报道严谨，具有较强的公信力和权威性，不可能完全地被新媒体取而代之。同时，在部分受众没有使用新媒体资源时，传统广播、电视或报刊报道信息的广泛影响力会在相当一段长的时期内持续下去。例如在边远地区以及一些由于知识、技术条件而无法拥有新媒体资源的人群中，传统媒体的传播能力和范围依然大于新媒体。因此，在企业召回舆情事件中，也应该要注重传统媒体的危机沟通工作。

（2）新媒体传播及特点

新媒体随着信息科学技术的发展而来，是以网络为载体进行信息传播的媒介。目前常用的新媒体包括微博关键传播源、网媒和微信渠道等。

相对于传统媒体自上而下的单向性传播形式，新媒体具备一种自下而上与横向并行的，更宽泛的多维度传播机制。例如，在微博、微信公众号等自媒体传播中，企业召回信息可以通过自媒体源头来发布，信息一旦传播出去，受众可以立即进行反馈。因为在新媒体情景下，个体和官方平台的传播载体都是网络，是相对普遍的可获得性资源。新媒体是立体式、病毒式的传播，传播速度快、互动性强。随着科技的发展以及人们生活习惯的改变，新媒体将逐渐分流传统媒体的部分受众。因此，新媒体传播的沟通策略更应该得到舆情危机下召回企业的重视。

在召回舆情各阶段通常通过新媒体渠道中的微博关键传播源、网媒和微信平台等渠道进行传播。例如宜家抽屉柜召回事件主要爆发在新媒体平台，首先由一家网媒爆出，随后各大门户网站相继报道，继而引发微博热议和微信平台的大量转载。又比如三星 Note7 手机召回事件，在事件传播过程中，官方网媒和财经类网络媒体成为推动事件热度上升的主力军，对扩大事件的影响范围起到重要作用。由两次召回事件的新媒体平台数据分布情况，如图 5-2 和图 5-3 所示，网络媒体报道是舆情扩散的最主要途径，微信平台的传播其次。

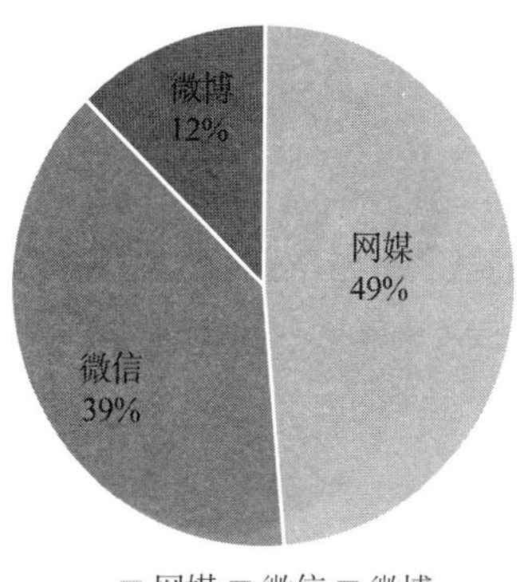

图 5-2　宜家抽屉柜召回事件新媒体平台传播情况分布图

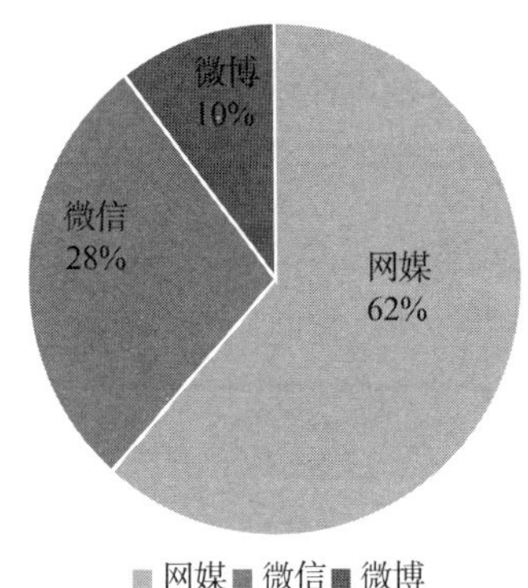

图 5-3 三星 Note7 手机召回事件新媒体平台传播情况分布图

二、召回舆情下媒体沟通的技巧与原则

召回舆情管理中，新闻媒体的作用越来越大，对于企业来说，负面舆情的恶化很大程度上来自于媒体的推波助澜，正是由于舆论监督的存在才使得危机管理变得艰难，所以对于召回企业而言，做好与媒体的沟通显得十分重要。

1. 媒体沟通技巧

与媒体打交道需要一定的技巧，因此福莱灵克咨询公司发明了一个简单的媒体合作公式：（3W+4R）×8F=V1 或 V2。用这个公式可以评价舆情危机沟通的效果。

公式中 3W 表示作为舆情沟通者，涉事企业需要尽快知道的三件事：一是知道了什么；二是什么时间知道的；三是对此做了什么。“知道了什么”作为舆情危机沟通评价的 3W 之首，主要为了解当前舆情现状，理清舆论诉求以及可能出现的危机等分析，是开展危机沟通的前提和基础；“什么时间知道的”是指舆情扩散的时间和速度，媒体提问和企业反应之间的间隔时间一定程度上决定舆情危机沟通的成败。如果企业对于它所面临的舆情危机认识太晚，或反应太慢，那么企业就处于一个滑坡之上，全局将变得难以掌控。“对此做了什么”主要是指，对于该事件的沟通进展情况，舆论对此的反应如何，是否需要进一步补充说明等行为的判断分析。因此，舆情危机沟通的 3W 需要尽快完成，因为信息真空对于企业而言是最大的敌人，负面信息往往会迅速的填充于这段真空之中。

公式中 4R 表示遗憾、改革、赔偿和恢复。与媒体打交道时，企业要擅长表达对危机发生的遗憾，保证解决措施到位，防止未来发生同样的事件，并积极主动提供赔偿和恢复的方案。如在三星 Note7 手机召回事件中，三星一方面声明国行 Note7 爆炸是外部加热导致，不肯直视自身问题；另一方面却又联系消费者进行“私了”、傲慢、信息不透明、推卸责任等表现，造成三星在中国陷于舆论包围中；此外，媒体也报道三星企业在召回实施过程中服务性问题，如沟通时间长、无法顺利退换，换货或退款时间等问题。种种问题表明当事企业在召回事件中没有找到自身定位，缺乏诚恳的处事态度和妥当的处事手段，最终导致三星 Note7 召回事件中的负面舆情难以控制。

公式中 8F 表示与媒体沟通时企业应该注意的八项原则：（1）事实，向公众说明事实的真相；（2）第一个做出反应，即在第三方做出反应之前率先对企业危机问题做出反应；（3）迅速，处理危机应该果断迅速；（4）坦率，沟通时不要躲躲闪闪；（5）感觉，与媒体和公众分享感受；（6）论坛，在组织内部建立可靠准确的信息来源；（7）灵活性，关注事态变化进行灵活反应；（8）反馈，企业应该对外界有关危机的信息做出及时的反馈。例如，在2014年发生的路虎缺陷产品召回事件中，车主向4S店反映汽车故障情况后，一开始得到的答复是变速箱故障，但不少车主表示即使更换过变速箱之后问题仍然时有发生。对于该问题，路虎公司早期不但没有加以重视，反而认为是部分车主用车习惯不当导致故障发生。在这次产品缺陷事件中，当事企业一开始没有妥当处理突发问题，违背了事实原则，对消费者反馈不得当。不但使产品故障的根本原因没有得到消除，还延误了媒体沟通的最佳时机。在同类问题频发的情况下，路虎一时间成为众矢之的，舆情危机不断发酵。

公式中的V1、V2分别代表了企业形象，V1代表“勇于承担责任者”，V2代表“小丑或恶棍”，如果3W、4R和8F处理得正确，等于做到了公式中的V1，代表企业在一系列召回舆情危机事件应对中展现了勇于承担责任者的形象，公众对企业的产品质量、社会责任表示认可；反之，如果3W、4R和8F处理得不当，很可能成为V2，公众会认为召回企业的行为和言辞避重就轻、不负责任，企业负面舆情则得不到改善。2010年发生的丰田汽车召回事件也从多方面印证了召回舆情下媒体沟通需要考虑的诸多方法技巧。在此次产品缺陷事件中，丰田没有抓住第一时间做出正确的反应。沟通过程中不但没有做到事实原则，并且不够真诚坦率，直至最后在不得已的情况下才采取道歉的措施，此时不仅失去了媒体沟通的最佳时机，也极大地消耗了公众对企业的信任和耐心。丰田公司在此次事件的媒体沟通举措与我们前面提到的3W、4R和8F有很大的偏差，如此错误的沟通方式，是导致危机舆情沟通失败的根本原因。

如果 3W、4R 和 8F 做得正确，召回企业就会成为勇于承担责任者；反之，公众会认为召回企业的行为和言辞避重就轻、不负责任，企业负面舆情则得不到改善。如案例所示，2010 年发生的丰田汽车召回事件也从多方面印证了召回舆情下媒体沟通需要考虑的诸多方法技巧。在此次产品缺陷事件中，丰田没有抓住第一时间做出正确的反应。沟通过程中不但没有做到事实原则，并且不够真诚坦率，直至最后在不得已的情况下才采取道歉的措施，此时不仅失去了媒体沟通的最佳时机，也极大地消耗了公众对企业的信任和耐心。丰田公司在此次事件的媒体沟通举措与我们前面提到的 3W、4R 和 8F 有很大的偏差，如此错误的沟通方式，是导致危机舆情沟通失败的根本原因。

案例 1 丰田召回门

2009 年 8 月，美国发生丰田品牌车雷克萨斯突然加速导致四人死亡的事故。事发后丰田公司称事故原因在于使用了用于其他车辆的脚垫，且铺设方法错误，车体本身没有问题。然而 2009 年圣诞节后一天，在德克萨斯州又有一辆丰田亚洲龙突然加速冲过一处护栏陷入池塘中，车内四人因此丧生。

同年 9 月丰田以前排脚垫可能会发生脱落从而妨碍油门操作引发事故为由，要求 380 万辆汽车的用户取下脚垫。

11 月丰田宣布对 426 万辆汽车进行自主修理。

2010 年 1 月，丰田决定在美国市场上针对油门踏板的隐患召回 230 万辆 8 种型号汽车。

1月28日，丰田因此原因再次宣布从美国市场召回109万辆汽车。

截至1月29日，丰田公司在全球召回油门踏板存在隐患的车辆总量超过700万辆。

直到2010年1月30日，丰田章男才开始对丰田在全球多个召回汽车的国家表示歉意，宣称会尽快向消费者作出合理解释，消除消费者担忧。

对于丰田“迟来的道歉”，外媒称之为最失败的危机公关。

丰田没有在第一时间公开向消费者致歉，而是在宣布大规模召回两个星期后才举行记者发布会，总负责人丰田章男至此才公开露面。

2. 媒体沟通的一般原则

结合福莱灵克咨询公司的媒体合作公式和情景危机沟通理论。媒体沟通一般要遵循以下六个原则。

（1）建立良好的媒体关系

召回企业负面舆情的修复不仅考验组织的应对及管理能力，也对组织的媒体关系能力提出了要求。如果组织已经事先建立了比较融洽的媒体关系，再辅助恰当的危机沟通技巧，则很可能在短时间内将舆情危机的危害程度最大限度地降低，召回行动也更容易取得正面的舆论反馈和消费者的支持。

（2）主动沟通原则

所谓主动沟通，是指召回企业主动将舆情危机和召回行动的有关信息对外披露。如果在舆情危机发生后，企业以沉默代替沟通，人们很可能用自己的主观臆测来填补所有的疑问，企业有效危机沟通渠道的缺失将导致谣言四起，丧失舆情危机沟通的主动权，为舆情危机的消除埋下隐患。例如，在前面提到的丰田召回事件中，企业在危机最初发生时没有积极处理，避重就轻，随着危机的不断恶化，丰田错失沟通的最佳时机，道歉和召回等本该积极主动的沟通措施最后也在被动的情况下得以实施，却没有起到化解舆论的效果。

（3）尽快沟通原则

在实施舆情危机沟通时，召回企业不但要积极主动陈述事实，还要注意在第一时间进行沟通。如果召回企业在媒体沟通的过程中表现拖拉，沟通不及时，各种负面言论往往容易产生先入为主的效果。此时召回企业再想改变公众的认知、信念和态度就十分困难了。

（4）真诚沟通原则

在与媒体的沟通过程中，召回企业的态度应该坦诚，并且坚持陈述事实真相，不能因为急于取得媒体和公众支持而以谎言来掩盖事实真相。可信度和名声是企业消除舆情危机的重要资本。一旦企业的谎言被拆穿，就很难获得外部的再次信任。召回企业一旦失去可信度和名声，舆情危机就很难得以解决，还可能会衍化出多种次生舆情，甚至对企业长期的经营活动造成负面影响。

（5）口径一致原则

召回信息发布后，从领导到员工，都应该清楚企业召回舆情的现状，召回企业所有的对外发言应该内容一致。媒体通常都希望能够获得来自组织各个层面的相关信息，通过多种信息来源对组织进行更广泛、更全面的了解。因此，召回企业上下各层级应该认真对待召回舆情下与媒体的沟通，在回应媒体时不能出现言论不一致的现象。在2010年丰田召回门事件中，丰田副总裁佐佐木真一才于2月2日出面道歉，总裁丰田章男随后于5日又举行记者招待会道歉并说明情况。在本来丰田危机局面已经难以收拾的情况下，两位高管的发言还是不完全一致的。这样的危机回应更让消费者难以信服，对负面舆情的发酵没有起到任何缓和的作用。

（6）权威证实原则

舆情危机发生后，对于容易混淆视听的信息，企业仅仅口头喊冤往往起不到作用，长此以往还可能适得其反，引起消费者的反感。因此召回企业可以采取“迂回”政策，例如邀请权威机构第三方为企业发言，消除消费者的警戒心理，在短时间内重新获得消费者信任，同时避免次生危机。例如，在2012年万和电气召回事件中，召回企业所召回产品并不涉及质量问题。但其在消费者反映问题后主动要求美国消费品安全委员会（CPSC）发布公告，提示消费者注意正确安装，以避免存在安全隐患。通过CPSC这种第三方权威机构的参与，万和电气的召回行动受到消费者更多的信赖。

三、召回舆情下对失实媒体报道的应对方法

1. 失实报道的成因

失实报道主要有来自企业和媒体两方面的原因。一方面，召回企业出于自己考虑，仅仅向媒体提供部分信息，成为引导片面信息

的根本原因。或者召回企业出于某些目的而向媒体提供虚假信息，也会造成媒体的信息误判。

召回企业由于某些原因而封锁相关信息，也容易激起媒体挖掘信息的决心，媒体最终容易从竞争者、消费者那里了解片面的或带有偏见的信息。

另一方面，媒体由于个别媒体人员缺乏职业道德，刻意制造虚假信息来进行新闻炒作，以揭示所谓“丑闻”来迎合部分受众的心理，也容易造成舆情的失控。还有就是部分新闻工作者的工作态度浮躁，在没有深入了解召回事件真实情况下就贸然报道新闻，是造成失实报道的原因。如案例 2 所示。

案例 2 万和电气回应召回不实报道

2012 年 11 月 2 日，美国零售商 Lowe's 接到两宗关于 Master Forge 牌烧烤炉软管熔化的投诉后立即向生产商万和电气进行通报，万和方面当即启动产品跟踪程序展开调查处理。

经调查，两起意外事故的出现都是消费者在安装煤气软管不正当的情况下发生的（产品预留有孔位，消费者未按说明书的要求，自行将软管放到烤炉边沿），事故并未造成人员伤害，烧烤炉产品本身不存在质量问题。

万和与零售商 Lowe's 本着对消费者负责任的态度，主动要求美国消费品安全委员会（CPSC）发布公告，提示消费者注意正确安装，以避免存在安全隐患。消费者还可以联系公司取得详细的安装指导书和警告标贴，如再有疑问可选择自愿性召回服务。CPSC 对万和电气这一服务举措表示赞同，同时 Lowe's

旗下的1700多家连锁店依然正常销售该烧烤炉。

11月8日，国内个别媒体发现CPSC和加拿大卫生部发布的“自愿性召回”公告后，在未对公告进行认真解读以及得到万和电气的正式回应的情况下，便报道万和电气生产的、在美国出售的3.7万台烤炉以及在加拿大出售的569台烤炉已被召回，一些不明真相的网站跟风转载，给投资者及消费者造成了误导。

不实报道发生后，万和电器及时联系媒体澄清解释。万和电气方面表示，3.7万台燃气烧烤炉是万和在美国的出货量，并非已召回数量；而“569件中国产的Master Forge燃气烧烤炉”是万和在加拿大的销售数量，也非已召回数量。事实上，由于是属于自愿性的召回，自CPSC和加拿大卫生部公告发出之后及万和澄清公告发出之日前，万和电气还未接到一例美国消费者要求召回的诉求。

同时，万和电气副总裁宫培谦表示，该公司以OEM贴牌烧烤炉产品出口至美国、加拿大等国家每年都有数十万台，并未出现过质量问题。此次因安装错误而致的“自愿性的召回”事件在美国和加拿大会被视作企业对消费者诚信和负责任的行为。

2. 失实报道的预防

召回企业应当从不同的方面展开对失实报道的预防工作，以避免出现重大不实报道从而导致的舆情危机。召回企业应该与媒体保持良好的关系，平时与新闻界人士打好交道，在召回舆情发生时，媒体会更愿意帮助召回企业发表正面言论。

同时，企业成员应该始终谨言慎行，因为在负面舆情下召回企业员工的言行更加受到外部关注，不当言论可能导致媒体添油加醋的失实报道。此外，召回企业应主动及时地向媒体提供有价值的信息，借助媒体之口迅速传播事实真相。

3. 失实报道的应对策略

首先，为应对失实报道的出现，召回企业应该及时组织公关人员与媒体进行舆情危机沟通，以挽救组织形象。对于失实报道应该及时有效进行回击，以避免负面舆情愈演愈烈。例如，万和电器在发生召回事件的不实报道后，主动联系媒体进行沟通，甚至管理层也出面澄清，并且态度诚恳、言辞适当。在万和电气召回事件不实报道得到及时处理后，其负面影响也在短时间内得以消除。

除了及时沟通，召回企业还应认真对待媒体，与媒体保持长期友好关系。同时加强与媒体的日常交往，在可能的条件下帮助媒体解决问题，在媒体面前树立良好的企业形象。这样能够在舆情危机发生前最大限度防止有关的失实报道。

在出现不实的新闻报道时，召回企业应该采取正确的公关措施，迅速行动，查明事实真相。可以给记者更多接触真实企业情况的机会，对记者开放组织、实地参观考察，借记者之口挽回声誉损失。在遭遇某些媒体有意的抹黑报道时，企业需要采取必要的行动，要求媒体撤销或更正不实报道，要求刊登后续报道为企业正名，以及要求道歉等合理的声誉补偿行动。

第三节 及时发布产品召回公告

在产品召回事件中，起到连接召回企业与消费者的权威信息就是产品召回公告。而且召回公告也是诱发新闻媒体报道、消费者对事件解读的关键信息源。一旦产品召回公告发布的不及时或者有漏洞，将诱发召回事件演化为一场召回舆情危机，所以及时发布召回公告对于化解召回舆情、尽快处理召回事件具有重要意义。

一、产品召回公告的及时准确发布是舆情沟通的关键支点

产品召回公告是指在流通的市场中，某些产品存在缺陷并且有可能导致损害，产品生产经营者为了督促消费者交回缺陷产品而发布的官方公告、通知等。在缺陷产品的召回过程中，企业想要取得较高的产品召回率，首先就需要做好召回信息的发布，产品召回公告作为企业面向市场传递缺陷信息的主要媒介，其内容、形式和发布方式在召回舆情的扩散过程中发挥着重要作用。

1. 及时准确发布产品召回公告是监管部门的制度要求

产品召回公告应在国家市场监督管理总局的监督之下发布，要秉承着遵守律法、合理合规的原则。其中，汽车召回和日用消费者召回是国家市场监督管理总局缺陷产品管理中心监管的两类产品召回，《缺陷汽车产品召回管理条例》和《缺陷消费品召回管理办法》就这两类产品召回有着严格的管理规定。

根据《缺陷消费品召回管理办法》规定，消费品由于设计、制造、警示标示等原因导致的在同一批次、型号或者类别的消费品中普遍存在的不符合国家标准、行业标准中保障人身、财产安全要求的情形或者其他危及人身、财产安全的不合理危险。2017 年，我国历史上规模最大的消费品召回事件是 60°C 杯子的召回。弓箭玻璃器皿有限公司生产的玻璃杯受到消费者投诉和质疑，声称杯子在盛放开水的容易炸裂并导致烫伤事故，面对完全符合国家质量标准却又造成人身伤害的玻璃杯，原国家质检总局总局开展调查发现，由于缺陷玻璃杯安全警示标识在包装盒底部，消费者无法发现安全警示标识。明确缺陷原因后，企业召集专家启动缺陷调查，并及时发布召回公告，消除社会负面舆情。同时依据法律对于最高承受温度、盛放液体类别的安全警示标示的强制要求，补充消费安全警示标识，警示消费者安全使用，消除隐患。作为缺陷消费品的召回主体，生产者应当建立缺陷信息收集分析制度，立即调查可能存在缺陷的消费品。生产者实施召回，应当按照质检总局的规定制定召回计划、发布召回公告，应当内容全面，客观准确，并对其内容的真实性、准确性及召回措施的有效性负责，并通过报刊、网站、广播、电视等便于公众知晓的方式发布信息，以及使用热线电话、网络平台方式接受公众咨询。

根据《缺陷汽车产品召回管理条例》规定，汽车产品生产者作为缺陷汽车的召回主体，获知产品可能存在缺陷时，应当立即停止生产、销售、实施召回。自确认产品存在缺陷起 5 个工作日内或者被责令召回起 5 个工作日内制定召回计划、向质检总局备案，同时通过报刊、网站、广播、电视等便于公众知晓的方式发布缺陷汽车产品信息和实施召回的相关信息，30个工作日内以挂号信等有效方式，告知车主汽车产品存在的缺陷、避免损害发生的应急处置方法和生产者消除缺陷的措施等事项。汽车生产者制定召回计划，应当内容全面，客观准确，并且对内容的真实性、准确性及召回措施的有效性负责，并按照已备案的召回计划实施召回。由于生产商的错误而导致产品召回没有达到实际效果，或者企业试图利用缺陷汽车主动召回程序逃避质量监管部门监督的，市场监督管理总局可以责令监管部门二次发布召回公告，甚至多次召回。

2. 准确详细的召回公告有助于召回事件的妥善解决

信息准确、内容翔实的产品召回公告有助于消费者了解缺陷产品的信息，积极配合企业的召回行动。由于缺陷产品在质量和性能方面的不安全性，企业在报道缺陷产品时不能以偏概全、藏头露尾。当产品出现问题时，企业的各部门及时做出调整，由企业的质管部及相关部门对存在缺陷的产品进行检测、评估和核实后，行政部上报产品存在的缺陷问题及原因，企业营销部销售服务中心应当整合企业内外相关消息，针对检测问题的严重性同质管部商讨制定召回计划，面向消费者及时发布召回公告。

自从央视“3·15”晚会上，央视曝光“路虎揽胜极光变速箱存在致命问题”之后，在报道结束2小时内，路虎通过官方渠道发布公开声明，并在四天后通过原国家质检总局主动发布召回公告，正式宣布主动召回中国市场问题车辆，其公告内容如下：

2015年3月19日，捷豹路虎中国宣布，自即日起主动召回在中国大陆地区涉及的部分2014和2015年款进口路虎揽胜极光车辆

（2014 年款，生产日期为 2013 年 7 月 15 日—2014 年 6 月 3 日，车辆识别码范围为 LV824476-LV955850；2015 年款，生产日期为 2014 年 6 月 3 日—2014 年 12 月 24 日，车辆识别码范围为 LV000001-LV996109），共计 36，451 台。本次召回范围内的部分车辆，由于在某种使用情况下，可能会产生变速器故障灯亮，并出现换挡性能下降、变速箱噪音等问题。经过反复的技术认证，我们确认相关故障是由于变速器软件不匹配导致。秉承“客户至上”的原则，捷豹路虎中国将为涉及范围内所有车辆进行免费检测并进行软件升级，以优化九速自动变速器的性能。

同时，为了表示对中国消费者的歉意，捷豹路虎中国特别宣布：对所涉及车辆的九速变速器的保修期延长至 7 年或者 24 万公里（自车辆购买之日起，以先到者为准）。另外，在召回车辆免费软件升级完成后 1 年内，为涉及的车主赠送极光基础保养服务包 2 次。

捷豹路虎中国将自本次召回发布之日起，主动通知所有涉及的用户，积极推进相关措施。相关用户可拨打客户服务热线 400-820-0187 进行咨询。

我们对此次主动召回给消费者带来的不便表示深深的歉意。

捷豹路虎中国

2015 年 3 月 19 日

相对其他汽车产品的召回公告，路虎此次的召回公告发布的特点有：

（1）公告迅速

自中央电视台“3 · 15”晚会曝光后，当天发布官方声明，仅仅4天时间，路虎就发布召回公告，并在第一时间向消费者道歉，防止舆情恶化。

（2）态度诚恳

危机发生后，路虎坚持顾客至上、以人为本的原则，不仅召回了3万多辆存在缺陷的揽胜极光，并对涉事汽车的九速变速器的保修期延长至7年或者24万公里。在召回事件发生之前，路虎就对九速变速器中心控制软件进行升级，并加强风险控制措施，效果良好，此后，路虎更是赠送涉事车主2次极光基础保养服务包来体现对客户的关怀。

（3）权威部门的及时鉴定

与免疫机构合作展开调查，通过原国家质检总局发布公告，职业的技术专家对缺陷产品进行测评，庞大的售后团队现场指导升级软件，打消消费者疑虑，增强消费者对路虎的信任感。

从路虎主动发布部分揽胜极光召回公告这一案例来看，及时高效、准确详细的发布召回公告一方面避免了负面舆情的演化，同时也有助于整个召回事件的顺利解决。

二、产品召回公告的发布误区

1. 召回公告内容与实际不符合

在危机发生之后，企业为了避免舆情对企业声誉造成的负面影响，可能在发布召回公告的时候避重就轻而导致影响力的缺乏。企业要秉承稳重、负责的态度，检测、评估、核实缺陷产品信息，避免在信息模糊的状况下发表自相矛盾的观点或误导消费者降低危险意识、根据自己的意愿任意决定。作为世界三大气囊生产巨头之一，高田企业成为世界各大品牌汽车供货源，自 2013 年起，高田气囊由于爆炸问题造成千万台汽车被召回，虽然高田公司宣布破产，但预计召回将持续 10 年之久。在此次召回事件中，特斯拉因为明确简短的召回讯息，施加给消费者严肃和紧迫感，召回率高达 73%，舆情降低。相比之下，马自达等企业因为冗长的讯息和含糊不清的表达，给消费者造成没有危险的错觉，召回率不到 30%，企业将持续受到强制召回高田气囊召回的负面舆情冲击。

2. 公告发布拖延被动

近年来，中国市场出现一种特殊的现象，从 2016 年宜家马尔姆抽屉柜倒塌事件和三星 Note 7 手机爆炸事件可以看出，当产品存在缺陷时，由于存在侥幸心理，企业往往不会主动实施召回，借机拖延规避风险，在原国家质检总局多次约谈后才启动召回。根据国家缺陷产品管理条例：产品一经确认存在缺陷，企业就有义务启动召回，虽然主动召回包括在原国家质检部门通知、约谈之后实施的召回行动，但是在原国家质检总局多次约谈之下能否定性为主动召回仍有待考察，不仅要接受国家法律的考察和究责，还会受到舆论的质疑和批评。

3. 不同市场的双重标准

2013 年，大众汽车 DGS 双离合变速箱遭曝光存在抖动问题，威胁汽车的安全行驶，并于当年 8 月和 10 月两次宣布召回安装 DGS 变速箱的汽车，却没有包含中国市场。随之而来的负面舆情，使大众汽车在华销量遭遇滑铁卢，单月销售减少 1.24 万辆，降幅超过 10%。2016 年 9 月，因为手机发生多起爆炸和起火事件，三星集团在全球召回已经销售的250万台的Note7手机，却拒绝召回中国市场上的Galaxy Note7，并且宣称国行版Note7手机采用的电池为不同批号，不存在任何质量问题。这一双重标准的使用，使得三星手机的在华销量骤减。不同市场的双重标准不仅会打击遭受歧视市场对品牌的信任，而随着经济全球化和信息化的高度腾飞，也会影响品牌产品在全球的销售总况。

4. 召回方案模糊

企业作为以营利为目的的组织，在发布召回信息时，可能会规避对企业声誉不利的信息，宣扬企业积极负责的信息，导致企业发布的召回公告脱离实际需求而未能达到预期效果。自1989年宜家抽屉柜第一次倾倒致死儿童以来，2016年宜家共接到80多份关于抽屉柜倾倒致人伤亡投诉。2016年12月，宜家针对抽屉柜倾倒事件发表官方声明，强调只要将抽屉柜牢牢钉在墙上，就不会存在安全和质量问题，并且对3名受害人家属给予赔偿5000万美元，同时向三所儿童医院捐款15万美元。2017年5月，又发生一起因为抽屉柜倒塌砸死儿童事件，儿童父母表示对宜家召回行动毫不知情，自此，宜家不得不加强对抽屉柜的重视，再次发布召回声明。第一次召回声明的内容主旨不清，宜家企图增加安全贴士规避召回行动，通过赔偿降低负面舆情，同时宣传力度不够，才导致后面的悲剧。

5. 召回公告缺乏传播影响力

好的召回公告应该让更多的消费者知晓。有研究表明，直接向消费者发布召回通知是提高召回率的最佳方式，在通常的状态下，消费者会通过填写信息登记卡、会员计划及网络购货等方式提供私人信息。但是大多数情况下，企业为规避召回成本不会直接向消费者发布召回通知，消费品尤其如此，消费者可能变更个人通讯信息、一次性现金购物或者二手交易而无法联系消费者。在缺乏影响的小众平台上发布召回信息也会影响企业的产品召回率，或“自由决定”和“强制性”等限定词也不利于消费者充分了解召回信息，降低召回讯息的传播的速度和广度。

三、产品召回公告的正确发布策略

1. 积极主动发布召回公告

召回主要分为两种：主动召回和责令召回，主动召回是最为基本的召回方式。主动召回是指产品生产者在获知产品存在缺陷的时候，主动调研寻找缺陷原因和质量问题，确认产品存在缺陷时，主动实施召回。责令召回是指当产品存在缺陷时，生产者没有按照要求实施召回，依照《缺陷汽车产品召回管理条例实施办法》，产品质量监管部门将组织展开缺陷产品取样检测，收集相关缺陷产品的信息，对确认存在质量问题的产品，向生产商下达通知，责令生产者实施召回。

主动召回是企业履行法人义务和社会责任感的体现，也是企业对消费者权益的保护和尊重，企业要积极启动产品召回。《食品召回管理条例》规定，违反主动召回规定的企业，国家食品药品监管部门将给予警告并处罚款，并责令企业启动召回；《侵权责任法》规定：未及时对缺陷产品采取措施或采取不当措施造成损害的，除责令召回还应处以行政处罚。不仅是食品药品的主动召回受法律约束，2009年发布的《缺陷产品召回管理条例（送审稿）》进一步对广大缺陷产品的召回行动进行了规定：违反主动召回义务，未构成违法行为的，处于警告处分；存在违法行为的，依法追究法律责任并处以罚款处分；对于构成犯罪行为的，依法追究刑事责任。

2. **具体翔实的召回公告**

具体翔实的召回公告要包括如下方面：

（1）缺陷产品的信息：产品的名称、种类、产品型号的规格、生产批次、生产日期、缺陷产品数量、售货日期及市场流通状况。

（2）产品存在的缺陷及性质问题：产品目前出现的问题的汇总、企业检验产品得出的结果，营销部收集的缺陷产品必须包含的信息。

（3）产品缺陷原因及风险、补救措施。

（4）召回企业的联系方式，召回之后企业对缺陷产品的维修、退换措施，企业对利益相关者做出的承诺和赔偿信息。

（5）其他的相关信息，信息查询网站和服务反馈网址等。

召回公告中，诚恳的态度和翔实准确的产品信息有利于召回的妥善解决，2016年，华帝主动召回JSQ21-Q12LE热水器的冷凝换热器及连接组件，因为该产品可能存在连接管被电化学腐蚀隐患，造成液体泄漏引发触电、着火危险。2016年6月16日，华帝主动向原国家质检总局发布召回信息，作为电器行业首个召回令，华帝被称为“业界的良心”，成为行业的表率。华帝此次召回行动，直面问题，体现更多的主动性，收到媒体和舆论正面引导，树立了企业积极负责的品牌形象，收获一致好评。华帝发布的召回公告不仅内容全面，产品信息翔实，采用图片等视觉元素是有效的工具，与“腐蚀隐患”“火灾、漏电”等危险字眼相结合，给与消费者一种严肃感和紧迫感，引导消费者积极配合召回行动。召回公告如下：

华帝股份有限公司召回部分家用燃气快速热水器

生产者名称：华帝股份有限公司召回实施时间：2016.6.16

产品名称：家用燃气快速热水器　型号：华帝 JSQ21-Q12LE

生产起始时间：2012.7.6-2014.2.17　召回数量：10166

生产批号：上述生产起止时间内所有生产批次

产品描述及外观照片：

产品由底壳、面壳两部分配合而成，面壳为银灰色，上部有黑色的装饰条、冷凝产品标牌及能效标贴；中部丝印有安全注意事项及显示代码内容；下部嵌装有显示操作板；与黑

缺陷描述及缺陷部位照片：

在一定条件下（如水质硬度、含氯化物等盐类很高的极端环境下）冷凝换热器与连接管连接处可能存在电化学腐蚀隐患，腐蚀后可能会造成液体泄漏。冷凝换热器的接口处如果

连接口、腐蚀点

可能造成的后果：

在一定条件下（如水质硬度、含氯化物等盐类很高的极端环境下）冷凝换热器与连接管连接处可能存在电化学腐蚀隐患，腐蚀后可能会造成液体泄漏。冷凝换热器的接口处如果发生液体泄漏，液

体可能会流经带电部件，影响电气绝缘，在极端条件下，可能会出现触电、着火危险。

召回措施：

主动召回，免费维修，更换冷凝换热器部件或连接管组件。同时，增加控制器防水挡板，对控制器提供保护措施。

投诉索赔情况：

2015 年 5 月 30 日、2016 年 1 月 25 日在河南焦作、安徽合肥发生 2 台冷凝换热器漏水事故，赔偿金额共计 8000 元。

事故及人员伤亡情况：

漏水浸泡地板，无人员伤亡。

通知消费者方式：

通过公司官网（www.vatti.com.cn）发布主动召回计划，提示消费者停止使用该冷凝换热器，并联系华帝股份有限公司进行更换。并依据安装记录通过售后服务热线联系用户，提示消费者进行更换。用户也可通过客户服务热线（4008886288）进一步了解具体情况。

其他信息：

相关用户也可以登录国家质检总局网站（www.aqsiq.gov.cn），国家质检总局缺陷产品管理中心网站（www.dpac.gov.cn）以及关注微信公众号（AQSIQDPAC），或拨打国家质检总局缺陷产品管理中心热线电话：010-59799616，了解更多信息。

3. 选择合适的信息发布方式

规范企业召回行动，提升企业产品召回率，不仅需要内容完整、形式引人的召回公告；在发布召回公告时，根据不同产品、层次、规模和召回领域，如何将召回信息高效、及时地发布出去，提高召回信息阅读量和受众度也是一个需要关注的方面。在西方国家，产品召回的公告设计、召回信息的发布方式、产品召回程序和制度都十分完善，尤其是美国汽车召回，召回信息的发布方式全面、便捷、覆盖广，通过观察分析发现，美国在汽车召回公告中主要有如下一些方式发布召回信息：

（1）互联网的运用，运用企业官方网站和政府专用网站发布产品召回信息，政府质管部联合制造商举办新闻发布会；

（2）举办记者招待会，通过大众媒体（电视、无线广播）发布新闻，传播召回信息；

（3）在大众和权威的报纸上或者杂志上发布通告，扩大信息受众面；

（4）企业设置专门热线电话或者免费传真，通过产品销售记录表和订购目录直接联系车主，劝说消费者配合召回，对做出询问的消费者积极做出回应；

（5）通知各分公司、代理商、修理店、零部件售货点、销售人员积极参与召回行动，提供购买产品的相关人员信息。

一旦企业需要发布召回公告，可选的媒体渠道有两种：内部媒体和外部媒体。企业内部媒体是为了企业文化的推行、产品促销、品牌的扩散和服务顾客自行举办的小众媒体，主要包括企业门户网站、官方媒体和专业论坛。在内部媒体上发布召回信息是企业实施召回行动的一种重要方式，也是一种具有权威性、传播速度快、易为大众接受的公告形式。发布召回信息要有层次性，总公司和子公司都应该有与之相关的公告媒体，以满足不同召回数量、不同召回对象的要求。与之相对应的就是企业外部媒体，主要包括广播、电视等，要积极做好外部媒体的广告、公关活动，发布联网通告，打破企业发布召回公告的时间限制，加快召回信息流通速度，遏止不当信息的肆意传播，增加公众信任度，实现召回信息共享。

举办召回信息发布会公告是网上召回形式的一种补充，应该建立在其他公告形式的基础上，提前向消费者表明举办召回发布会的地点和时间，并说明召回的内容。在发布会上，首先主要由企业质量管理部门向消费者介绍召回具体事宜、召回的必要性以及企业做出的赔偿等，其次有消费者就疑惑提出问题，企业为消费者答疑解惑，鉴于召回内容的公正严谨，可以邀请专业人士及第三方权威机构参与企业召回信息发布会。

对于售出数量低、范围小、区域集中、危害指数低的产品，若是指定相关媒体进行公告会耗费企业不必要的财力和人力，这种情况下，企业联系厂商、零售店根据产品出售登记表和销售目录联系相关消费者，可以进行一对一的联系召回，这种方案相对省钱省力。

第四节 充分重视消费者的诉求与召回体验

缺陷召回中产品的直接使用人是产品的购买者或使用者，他们对产品缺陷的风险感知、态度与情绪、应对行为等都会直接影响到召回舆情的演化与态势。所以，召回企业应该充分重视消费者的诉求与召回体验，这样可降低负面召回舆情演化升级的可能性。

一、与消费者沟通的原则

召回事件也许只涉及很少一部分消费者，但会诱发较大的召回舆情，从而影响消费者对召回企业声誉及产品质量的客观判断。企业要想化解负面的召回舆情，就要积极主动地回应消费者诉求，充分争取消费者的理解、支持与信任。但是在对消费者诉求作出回应的时候，不能一味地推卸责任，也不能无条件的退让。在回应的过程中，不当的措辞和态度会恶化召回事件的处理、推动负面舆情演化，只有遵循与消费者进行正确沟通的原则方式，才能在合适的时机以恰当的方式对消费者诉求进行回应，及时化解舆情困境。综合研究事例处理经验，在产品召回情景下，与消费者沟通可遵循4S的原则。

1.SORRY：歉意原则

当舆情出现时，我们要意识到在某种意义上，消费者不仅仅想要了解事实真相，他们对当事人的态度也非常关注。事实证明，90%以上的舆情恶化都与当事人的不当态度有关，如冷漠、敷衍、拖延、傲慢等。在召回事件发生后，消费者作为直接当事人，企业的态度将直接关系到他们的切身利益，因此更希望企业能够给出一个明确说法。企业的每一个举措都受到消费者的广泛关注，并会引起消费者的广泛评价。

例如，某品牌车内异味事件中，企业对问题原因的说辞含糊不清，并始终保持着推诿的姿态一直至今，舆情不断发酵，引起广大消费者的强烈不满，问题车主们的维权行动一直持续。因此，当问题发生时，企业应该在第一时间了解情况并积极查明真相，正面回应消费者的质疑，给消费者一个满意的解释。同时，企业在与相关消费者沟通的过程中，应表现出对消费者的高度重视，并始终保持一个主动、真诚、低姿态的态度，应从消费者的立场出发来考虑问题。2016 年 9 月 24 日，环球网、新民网、金融界美股频道等接连发声“三星 Note7 召回中国又是‘例外’傲慢底气从何而来？”，23 日，金融界、网易财经、新浪财经等又爆出“三星曾想用一万块私了！ Note7 爆炸机主称手机根本没拿去检测”，这种态度和行为无疑是雪上加霜。当发生召回事件时，始终要清楚，平复消费者的心情、顺利解决问题是我们的目的，任何冷漠、傲慢、敷衍都会将负面舆论推向高潮。

2.SHUTUP：减少托辞原则

当和消费者意见不一致或遭受消费者质疑的时候，要尽量减少各种托辞，不要和消费者争辩，要仔细倾听他们的意见，找出消费者不满的原因，确保企业能把握消费者的情绪，并设法使消费者的情绪向有利于自己的方面转化。

在宜家召回事件中，宜家以“产品在中国是符合相关标准的”为最初推诿召回的理由，试图向公众说明不是自身产品质量问题，殊不知公众需要的是一个负责任的、有担当的企业，消费者希望听到的是问题为何产生、企业如何解决，而不是为自己辩解。企业高调的“双标”做法让人愕然，这种行为显然是火上浇油，非但无法洗清自己的“冤屈”，反而让消费者负面情绪高涨，甚至引起了公众对宜家品牌的质疑。在与消费者进行沟通的时候，企业主要听对方讲，切记不要和消费者争论谁对谁错，因为消费者要提的问题是从有商品的同时就一直存在的，而我们解决问题是从现在才开始的。从沟通心理学上来讲，即便他的问题解决不掉，耐心聆听也是一种解决方式，而一味地推诿、辩解只会让事情变得越来越糟。

3.SHOW：积极呈现负责任形象的原则

在出现负面舆论的时候，并非要始终沉默。我们所说的“闭嘴”，是不与消费者争辩谁对谁错。相反，企业要务必重视与消费者的沟通，要时刻与新闻媒体保持良好的合作关系，在舆情初现的第一时间主动把消费者想要了解到的、自己所知道的以及企业“积极”应对的一面，尽量展示给公众，企业需要带给公众一个负责任的、态度积极的、敢于正视问题的形象。

2016 年 11 月 9 日，美国运动相机制造商 GoPro 宣布召回其自 10 月 23 日以来售出的 2500 台 Karma 无人机，因为 GoPro 公司发现很少的 Karama 无人机会在运行过程中失去电力。虽然并未造成财产损失或人员伤害，但公司仍然秉承着“安全是头等大事”的态度，进行了召回和道歉。公司承诺，Karma 无人机用户可以选择将设备退货给商家或者 GoPro，并承诺全额退款，采取一切措施简化退货退款的程序。GoPro 公司从消费者安全的角度出发，主动召回产品并真诚致歉的做法，充分展示了企业真诚的态度及负责任的形象，在召回舆情发生时为企业赢得了主动权。

4.SATISFY：让消费者满意原则

“消费者利益至上”是企业与消费者沟通的根本。制定对策时，企业要站在消费者的角度想问题，尽量在消费者提出疑问之前把他担心的问题合理的解决掉，忌夸张和忽悠。消费者在投诉时一般在意：企业是否能够正视自己的错误？企业是否能够对自己的错误勇于承担责任？企业是否能以消费者利益至上，是否只关注自己的利益而对消费者的诉求置之不理？企业的措施是否能让消费者满意？企业的措施是否落到了实处？因此，企业站在消费者的角度考虑问题，会有助于解决舆论危机。

2017 年 5 月 12 日，安利（中国）日用品有限公司宣布召回 2010 年 1 月至 2014 年 11 月期间生产的逸新空气净化器配备的双插头内置交流电源线，中国大陆地区受影响的交流电源线的数量达 1123083 条，召回的原因是安利公司发现交流电源线在极端的情况下，可能会出现过热、燃烧的情况，对消费者存在安全隐患。从召回公告中看出该产品销量过百万件，发生的事故及索赔案例为四起，为彻底消除安全隐患，安利公司对此进行实验、检测、追溯缺陷产品、主动向原国家质检总局备案召回计划，免费为客户更换一条全新电源线的一系列措施来让消费者满意。

二、与消费者沟通的过程

为了有效地应对产品召回，企业在生产经营过程中除了要加强产品质量管理，减少产品缺陷问题，当出现召回舆情时，企业同时还应该具备与政府部门、媒体以及消费者的沟通策略。回应消费者诉求应首先明确消费者沟通的过程。

1. 确定消费者诉求

在召回事件中消费者关心企业的一举一动，无论是否为受害者，作为直接当事人，他们需要判断该企业是否值得信赖。因此，当召回事件发生时，企业首先要确定消费者关注的问题：发生了什么事情？是由什么引起的？会对消费者产生什么样的影响？危害有多大？企业作何反应？企业采取什么样的措施解决等等一系列问题。在三星 Note7 缺陷初现期，逾百家媒体接连发声“三星 Note7 充电时爆炸：疑使用非原装充电线”，此时，消费者关心的是发生爆炸的原因究竟是什么，企业作何解释；当环球网首次曝出“全球首起索赔诉讼，美国男子被三星 Note7 炸伤”，消费者更加关注的是爆炸危害有多大以及企业会采取何种措施尽快解决问题。

其次，对于不同类型的消费品，企业应了解相关消费者的基本诉求。对于缺陷汽车召回，由于汽车的特殊性，消费者诉求往往集中于维修、赔偿和延保，极少退换货，同时，消费者更关心汽车缺陷是否会危及生命安全，能否得到妥善解决。对于缺陷消费品召回，根据产品种类不同，消费者诉求也不尽相同，较为常见的如家电的维修，玩具的退换货。对于对人身安全造成伤害的消费品，除了要求售后，消费者往往还希望得到道歉、承诺和补偿。

2. 建立沟通渠道

沟通渠道是企业与消费者沟通中的重要组成部分，它会直接影响到沟通的效率，特别是在召回事件中，企业把消费者关心的问题通过适当的沟通渠道传达出去，有利于召回事件的解决。建立沟通渠道时，企业首先应站在消费者角度思考这样一些问题：出现问题消费者会想到哪些途径联系厂家？消费者应该找谁质疑？消费者通过哪些渠道接收企业传达的信息？其次，从企业自身来讲，从哪些渠道得知消费者关注的问题：消费者希望企业提供哪些帮助？消费者希望企业以哪种方式提供帮助（返厂维修、退换货、赔偿等）？这些信息的交流都需要通过有效的渠来进行。如企业可以通过消费者热线、售后服务中心、企业声明与公告、网络渠道、信件或电子邮件等方式。

3. 回应消费者诉求

首先是态度问题，企业应诚恳、低姿态、谨慎地向消费者表明歉意，切勿试图敷衍消费者。其次，对于因产品问题对消费者产生实际伤害的，企业应该耐心听取受害者关于赔偿损失的要求，充分考虑受害者的意见及建议，积极争取受害者及广大消费者的理解和信任。同时，对于其他消费者，企业应通过相关媒体发布公告和声明，及时对事件发生原因及处理办法进行解释和说明，告知消费者产品存在的潜在缺陷问题和可能导致的后果，尽快对有缺陷的产品实施召回。

三、不同召回阶段与消费者沟通的做法

产品质量问题产生的原因是多种多样的，不排除偶然因素，多数产品召回事件的产生有一个变化的过程。当事故发生时，消费者作为直接当事人，对企业的一举一动密切关注，任何不当的言论或做法都可能将引起负面舆论的发酵，将企业推向风口浪尖。因此，在召回事件的各个阶段，如何做好消费者诉求的回应对于企业来讲

是一个必须关注的问题。不同召回阶段消费者诉求与企业沟通策略如图 5-4 所示。

	缺陷监测期	缺陷初现期	缺陷调查期	召回实施期	召回完成期
消费者诉求	期待：了解产品功能及使用方法；个别产品问题或投诉给出解决办法	期待：给出解释和说明；安抚负面情绪；承担责任	期待：解释并解决问题；落实整改措施；积极的企业行为	期待：落实整改措施；得到满意的解决方案	期待：产品品质稳定无风险；更好的品牌表现
	信任建立	恐慌无助	解决问题	期待改进	质量保证
	提前预防	迅速反应	召回整改	全面沟通	信任维护
企业沟通策略	及时进行消费者教育；建立沟通渠道；问题甄别及相关组织建立	快速反应，及时给出解释说明；采取措施防止进一步恶化	第一时间作出回应；消费者利益至上；成立沟通小组；落实整改措施	质量先行；主动及时沟通；不断调整整改策略；积极落实整改措施	严控产品质量；完善内部监督机制；完善沟通渠道；加强信息反馈；推出高品质新产品

图 5-4　不同召回阶段消费者诉求与企业沟通策略

1. 缺陷监测期

即召回事件尚未发生，企业也应该未雨绸缪。在日常经营活动中，消费者是最直接的利益相关者，企业的一举一动都受到广大消费者的关注。与此同时，舆论的导向也很大程度上与消费者息息相关，因此在未发生召回事件的时候，企业更应注重产品使用的宣传，比如正确使用产品，有效辨别出产品的缺陷与伪劣产品，降低产品功能的期望，同时建立好与消费者之间的沟通尤为重要，可以包括以下几方面。

（1）进行有效的消费者教育

消费者教育就是通过一定的手段，将公司、产品、服务、政策、策略等期望消费者了解的信息传播给消费者，并获得认同的过程。产品问题，可能仅仅是偶然因素产生的，也有可能是产品本身存在缺陷。

一方面，当消费者对产品的认识不足的时候，如错误地使用、安装、存放产品，对产品用途的理解有所偏差，都可能引起一系列的问题，这些问题不归咎于产品本身，更多的是一些人为的因素，因此企业需要完善产品使用、存放等相关说明，可以通过线上、线下等渠道进行宣传，通过定期回访来提高消费者对产品功能、使用方法等方面的理解，特别是对于一些专业性要求较高的产品，可以进行配套服务，从而降低因个人因素产生的问题，如对于需要安装的产品，可以提供专业安装服务；对于汽车等定期宣传，并提供定期检查与保养服务。

另一方面，当问题的原因是产品质量本身或假冒伪劣产品的时候，更需要消费者具有一双慧眼，及时发现并提出问题，不仅仅于消费者本身能够减少产品对自身的伤害，同时还能够使企业尽早发现类似问题，早发现早治理，在酿成严重后果前及时采取措施防止大规模类似事件的发生。因此，企业在宣传产品的同时也应当教授消费者如何有效辨别产品缺陷与伪劣产品，如在包装上贴上防伪商标、变质说明、产品正常状态等，消费者投诉热线的标注也是必需的。

（2）建立完善的沟通渠道

不论是否发生召回事件，企业都应时刻关注沟通渠道。可以根据渠道传递信息的特质将沟通渠道分为三大类：一对一沟通渠道，如售后服务人员、销售人员、电子邮件、消费者专线等；一对多沟通渠道，如广告、杂志、报纸、公告、声明等；其他类型，即介于二者之间的，如互联网等。只有建立良好的沟通渠道，才能够和消费者有充分的沟通交流，特别是当发生召回舆情的时候，完善的沟通渠道能够让企业对消费者诉求迅速做出回应，第一时间将消息传达给企业和消费者，提高沟通效率，是召回舆情顺利解决的关键。

2016 年 9 月，斯巴鲁汽车中国有限公司主动备案召回计划，召回了如力狮、傲虎和驰鹏等车型共计 13336 辆汽车。召回原因是车辆由于供应商的责任，副驾驶安全气囊展开时，气体发生器有可能发生破损，导致碎片飞出，可能伤及车内人员。斯巴鲁汽车（中国）有限公司以挂号信等形式通知消费者，主动联系相关车主，安排召回事宜。并且公司给出了多种联系方式，包括网站和热线等供车主进行咨询和了解信息。公司随后为召回范围内的车辆免费更换副驾驶安全气囊气体发生器总成，以消除安全隐患。公司通过多种沟通渠道及时和消费者进行沟通，了解消费者诉求，调查原因，进行解释，召回并更换等一系列举措，重新挽回了大批消费者。

（3）建立舆情预警系统

企业除了应该及时与消费者进行沟通，做好消费者教育，同时更应该建立舆情预警系统及相应的舆情监测及召回管理机构，及时监测产品动态信息及消费者诉求，从而在事件中掌握主动权，尽可能将大事化小，小事化为无形。

由于个案产生的原因可能是偶然因素造成（如某个工人在某个产品的某个环节出错），也可能是由产品自身质量问题引起的，因此需要对小规模产品问题进行甄别。要想进行有效的信息甄别，必须建立高度灵敏、准确的舆情预警系统。信息监测是舆情预警系统的核心，企业要随时搜集缺陷产品及产品投诉相关信息，如销售商、售后服务中心、客户服务中心、缺陷管理中心以及官微、贴吧、公众号等媒体的信息，尤其针对客户投诉，要具体记录下投诉产品种类、问题类型（产品硬件问题，服务问题，是否有人为因素等）、具体问题及导致后果，并及时加以整理、分析和处理，尽量及早发现，及早处理，把隐患消灭在萌芽状态。预警系统必须在确保日常投诉能够及时化解的基础上，有效甄别召回事件（企业可以根据消费品类型和自身情况规定不同的阈值，当事件在舆论环境中的影响力达到一定阈值时，企业启动危机预警），由此迅速有效地消灭和减小损失。

（4）建立舆情监测及召回管理机构

这是企业生产运营过程有效进行的组织保证，同时也是应对召回事件时必不可少的组织环节，在日常管理中非常重要。不论事故是否发生，企业都要随时做好准备工作，准确识别并及时有效地将信息传达给上级管理机构。具体应做到：明确分工，将舆情监测任务落实到人，如媒体舆情监测、官方渠道舆情监测、线下舆情监测、舆情分析处理工作等；建立上下级沟通机制，明确主管领导和成员职责，减少因管理层级冗杂或传递层级过多而导致的损失、遗忘或曲解等信息失真问题；制定召回事件处理工作程序，明确分工，并定期演练，保证召回事件发生时能够以最快的速度传达至相关部门并迅速做出反应；制定召回管理制度及不同类型召回事件的应急预案，明确如何防止舆情爆发，一旦召回事件发生应立即做出怎样的针对性反应等，在计划中要重点体现舆情的传播途径和解决办法；同时，企业应该设立专员来回应消费者诉求，在各个渠道严格把关，避免因一些不当言论引起一些不必要的舆论纷争。

2. 缺陷初现期

在舆情初现期，个别产品出现问题，消费者不清楚问题产生的原因，充满疑惑和不安。随着事故的不断发酵，越来越多的相似案例产生并逐步受到关注，消费者的情绪由最初的不安逐步转变为震惊、恐慌和无助，对该产品质量产生质疑，甚至引起对该公司的不满，负面情绪逐步扩散开来。此时消费者既需要企业承担责任，减少其损失，同时更需要情感上的关怀。具体特征为某一产品的故障或者缺陷事故带来严重的后果（如由于汽车失控造成人员伤亡），或者某一产品出现众多的共性缺陷故障（如新奇型打火机由于标识和安全锁不足导致儿童烧伤及火灾），某些自媒体（如微博大V）进行发声（文字评论或转发），该事件在该阶段逐步具备了足以引爆舆论的传播性和话题性，并逐步进入了公众的视野。在这一阶段，涉事企业要充分重视问题，主动查明问题真相并向相关部门备案，同时主动向消费者道歉并承担责任，消除消费者的疑惑，缓解不安。在事件起因尚未定性且尚未引起大规模爆发前，企业除了需要对相关事件进行积极的回应与处理外，还应当采取一系列措施来进行自我检查，提高服务质量和企业形象，减少类似事故发生。

3. 缺陷调查期

在这一时期，事件受到广泛关注，政府开始介入调查并对外公布调查结果。各类媒体进行大量报导，事件持续升温，可能会出现各种形式的维权群体（如QQ维权群、微信维权群、现场集结群、律师维权群等），负面舆论一触即发，呈爆炸式快速增长，企业往往也会在该阶段进行发声（公告、声明等）。此时消费者情绪是最为激动的，他们需要企业对问题作出解释和说明并提出切实可行的解决方案，对产品召回事件的正视和正面的回应是企业负责任的表现，消费者更加期待较为积极的企业行为。因此，企业应该抓住第一时间积极回应，不仅应该及时就产品问题初现的原因作出具体解释和说明（是什么原因造成的，有什么样的危害，是否符合要求等），同时还应提供改进措施并对产品质量进行保证、承诺，尽快平息消费者的负面情绪，回应消费者诉求。作出解释和说明、提出召回整改措施、强调企业承担社会责任等沟通策略对于修复企业形象非常有效的。具体而言，企业应该做到以下几点：

（1）在第一时间作出回应（平复公众激愤的心情，防止舆论进一步的爆炸式增长）。企业尽可能在24小时带给消费者关心的信息，包括：事件产生原因、产品质量是否合规、引起的危害以及计划采取的措施等，仅仅采取简单否认、敷衍等消极的策略是不可取的。可以采取召开记者发布会、发布公告和声明等方式，利用媒体第一时间向公众解释，防止事态进一步恶化，降低负面舆论的影响。当处于负面舆论中的时候，企业要在第一时间作出反应，在和消费者的沟通中掌握主动权，沉默、拖延、转移责任等反而会让企业在事件恶化的过程中，丧失舆情处理的最佳时机。

2015年中央电视台“3·15”晚会中披露出部分路虎揽胜极光车型变速箱出现故障，3月19日，即在被媒体披露后仅4天，捷豹路虎中国就通过官方微博发布《捷豹路虎中国主动召回部分2014年和2015年款进口路虎揽胜极光车辆》公告，召回公告中表示了公司的歉意，正视产品质量问题，并出台响应解决措施，同时其召回诚意足、召回速度快也让这次舆情事件通过召回实施快速解决。

当出现问题时，路虎公司在第一时间作出回应，其“积极的”的应对态度和应对措施展示给消费者一个负责任的公司形象，路虎召回事件也因此被网友称为史上最良心的汽车召回。

（2）让消费者感受到企业以消费者利益至上。当政府开始介入调查的时候，舆论热度往往也到达最高峰，这个时候企业的做法应当“快、准、狠”，让消费者充分感受到企业关注他们的需求，能够以消费者利益至上，而不是单纯为了减少企业损失而损害消费者的正当权益。

2014 年 8 月 14 日，针对新速腾汽车后轴纵臂断裂问题，原质检总局缺陷产品管理中心启动了缺陷调查，多次约谈一汽大众汽车有限公司，并进行了大量的现场勘察，用户约谈，缺陷技术分析以及专家评估等工作。2014 年 10 月 15 日，一汽大众汽车有限公司根据《缺陷汽车产品召回管理条例》的规定，向原国家质检总局备案了召回计划，宣布自 2015 年 2 月 2 日起，在中国召回了 563605 辆一汽大众新速腾轿车和 17485 辆大众进口甲壳虫轿车，这一事件成为自 2004 年 10 月 1 日我国实施缺陷汽车产品召回制度以来最具有争议的召回事件。为了平息消费者的负面情绪，一汽大众汽车有限公司在召回后采取了多种技术补救措施。如在后轴纵臂上安装金属衬板，以消除安全隐患；研究开发了后悬架电子监测系统，进行了台架、整车道路试验和可靠性测试，并为相关车主进行免费安装。一汽大众公司的这一系列的做法在一定程度上安抚了受影响的消费者，起到了积极的作用。

（3）成立专门的召回沟通小组。召回沟通小组成员选择要满足跨部门、多层次的要求。企业可以选定高层管理者担当小组的最高领导，有利于避免决策时发生分歧；抽调各部门成员作为临时召回沟通小组成员，提高沟通效率。同时，为了减少沟通过程中的个人及信息或语言翻译等传递障碍（因不理解某个专业术语的含义先入为主、产生偏见或传递过程中层级过多而导致的信息失真），召回沟通小组成员还应该包括技术精英、法律顾问、谈判专家等具有危机沟通专业知识的顾问作为主要成员。

4. 召回实施期

在召回实施期，舆情渐渐平复，舆论往往集中在企业对产品的召回的具体措施中。一次召回和整改措施可能并不能满足所有的消费者诉求，有些消费者认为召回措施终于落实，解决了问题，而另外一部分消费者可能认为召回措施不能有效消除缺陷，未能解决其基本诉求，因此会进入企业与消费者不断进行沟通—发布召回措施—解决问题—与消费者进行沟通的循环过程中，直至问题解决，舆情热度逐渐降低至消失。这个阶段的主要特征为企业根据消费者诉求及政策法律要求不断调整并发布召回公告，沟通渠道逐步建立并完善，舆情热度走势逐步缓和。此时，企业需要的是对消费者诉求进行正面积极的回应，要时刻注意消费者在该阶段的主要诉求是“解决问题”，因此，企业切记要关注到具体的点上，切实根据消费者需求来解决实际问题，切勿“假大空”，及时沟通、解决问题才是这个阶段企业应采取的实际行动。

5. 召回完成期

在发生缺陷产品召回事件后，有的消费者会认为企业负责任，有担当，更加信任企业品牌；也有的消费者会认为品牌质量有问题，处于观望期。即使舆情热度已逐步进入缓和期，企业的品牌形象在消费者心目中也会存有疑问。在这个阶段，消费者最关注的仍然是产品质量问题。消费者期待的是产品质量稳定无风险，同时也期待更好的品牌表现。因此，在企业严把质量关的同时，也应逐步完善内部监督机制，接受相关部门的监管和评估，出现类似事件主动备案。推出高品质的新产品也是很好的选择，不仅可以弱化召回事件的影响，还能够重新吸引消费者，恢复品牌信任，通过广告等媒体宣传新产品也能够重让企业再次以崭新的正面形象出现在消费者的视野当中。

即使召回事件已经过去，企业依旧要进行一些善后工作，同时加强此次召回舆情事件的信息反馈。首先，企业应恢复召回事件前的沟通渠道，同时妥善处理召回事件中临时建立的沟通渠道，如专题网站、微博、消费者专线等，对长期有效的渠道进行保留和整合；其次，应加强信息反馈。召回事件解决方案的达成和实施，并不意味着召回事件处理的过程结束。应建立消费者反馈渠道，收集沟通好反馈的信息，对信息进行整理和分析，以确保有效的持续沟通，特别是对在召回事件处理过程中发现的一些平时未能发现的问题，通过分析与思考，找出组织管理过程中存在的不足并进行必要的调整和改革，从而减少类似召回事件的发生；最后，还要做好召回舆情事件后期的心里抚慰工作，通过广告等媒体宣传活动，逐步恢复企业在消费者心目中的形象，进行消费者信任重建，通过线上与线下沟通渠道和消费者保持联系，征询消费者的建议和意见，努力得到消费者的支持与认可，挽回并进一步提高企业形象。

第五节 持续开展企业声誉的修复活动

在产品召回的过程中，消费者的负面情绪、评价和行为往往会催生出消极的舆论，给企业声誉带来或多或少的损失。同时，召回事件还会引发余震，在召回结束后仍继续给企业的形象带来不利影响。因此，尽快修复受损的声誉是企业召回完成后的核心目标。企业需要根据舆情积极地开展声誉修复活动，分析判断形势、进行客观评估，并做出正确的策略选择。

一、企业声誉修复活动的主要类型

产品缺陷舆情发生时，企业面临着来自消费者的投诉、媒体的质疑和政府机构的监察。而产品召回就像是一个燃点，在迅速引发媒体报道的同时，放大了企业的一举一动。事实上，即便产品召回已经完成，舆论的火苗仍无法立刻平息，此时企业依旧需要采取适当的措施来应对各方面压力，才能彻底修复受损的声誉，真正的转危为机。

召回事件结束后，企业会选择多种声誉修复活动。在 2008 年 9 月的“三聚氰胺事件”发生后，蒙牛被抽检出不合格产品，一时间销量骤跌。蒙牛迅速反应，下架和召回了问题奶粉。为了重塑企业形象，蒙牛也采取了多种补救措施，积极开展了一系列活动，包括通过媒体向公众表示抽调 8000 多名员工进驻奶站，24 小时监控奶站和奶车；斥巨资购入 60 余台快速检测三聚氰胺的设备；邀请媒体和消费者参观奶源地和生产车间；投放"推广放心奶工程"的广告；对没有检测出问题的高档牛奶进行促销等。这些补救措施确实增强了消费者的信心，使得他们对蒙牛的态度回暖，帮助蒙牛重塑了公众形象。

总体而言，企业的声誉修复活动主要分为以下四类。

1. 质量改进

企业产品召回的最根本原因是质量缺陷问题，召回事件直接影响地是消费者群体的利益。因此，除了在召回过程中满足消费者诉求外，企业更要进行自我反省，并在随后的生产经营过程中逐步增强产品质量管控意识。

在 2017 年 9 月 1 日，长安福特汽车有限公司向质检总局备案了召回计划，召回共计 25355 辆麦柯斯汽车，以消除安全气囊隐患，事件引发了一些负面评价。为了重新取得消费者的信任，福特公司在官网上展示了福特汽车南京工程研发中心的车辆耐久性测试，强调公司在中国投入超过 100 亿元人民币用于工程研发，新建数个技术先进的环境实验室，拥有完善的车辆测试能力。公司为顾客的安全负责，尽力避免各种质量问题，确保福特汽车在最恶劣的条件下也能呈现出最优性能和安全性，值得消费者信赖。福特汽车又继续开展了各种产品工创新活动，比如和弗吉尼亚理工大学交通运输研究院合作测试了福特针对无人驾驶汽车设计的灯光信号系统；在全球扩大对微软 Hololens 混合现实技术的测试，力求更快速地为消费者设计时尚车型等。这些举措有效地缓解了召回事件的负面影响，长安福特汽车有限公司公布的第三季度销售业绩，也实现了稳固增长。由此可见，召回企业可以通过成立质量改进委员会、阶段性进行质量改进、产品工艺升级等活动重获品牌号召力，赢得消费者的肯定。

2. 市场推广

为了进一步得到消费者青睐，召回企业除了“真品质”，还要做到“惠价格”。即通过展开适当的优惠促销活动，与消费者沟通交流。2017 年 9 月 20 日，神龙汽车有限公司由于供应商轮胎装配原因，召回了 2317 辆汽车。为了挽回消费者信任，公司随后宣布与阿里巴巴集团全新操作系统品牌 AliOS，斑马网络技术有限公司达成战略合作，将推出智联网汽车。而公司为客户提供“贴近社区、快速灵活、高效便捷”维修服务的“阳光工匠”品牌也新加入了 9 家加盟商。在接下来的“双十一”购物节，公司更是顺势推出了多种优惠促销活动，例如，到店用手机扫二维码，即可领取超市卡、打车券、话费卡等礼品；线下成功购车可升级 4 年 /12 千米总成延保；售后产品一元秒杀、折扣、现金优惠补贴等。成功吸引了大批消费者，帮助公司恢复业绩。

3. 利益相关者沟通交流活动

召回企业会面对消费者、媒体及公众等利益相关者的质疑，为了解除怀疑，企业往往会邀请消费者和媒体进行参观考察，深入了解企业产品情况，消除利益相关者对企业的负面印象。2018 年 3 月，重庆长安汽车股份有限公司召回部分 CS75 汽车，之后长安汽车在深圳举办了第二代逸动 & 逸动 DT 试驾会，并邀请全国各大媒体参加。新浪汽车、爱卡汽车、易车、搜狐汽车、网通社、汽车之家等多家媒体均对长安汽车新品进行了评价，称试驾车型行驶质感出色，值得购买。而长安汽车针对消费者的交流活动也有很多，如长安汽车 CS 家族第四季自在星空之旅活动，参与活动的消费者在经历将近 30 天、8000 千米的俄罗斯征途后，抵达世界遗产冰蓝之湖贝加尔湖。这一活动通过自驾游模式，使消费者全方位体验了长安 CS 家族全系产品带来的优越驾乘舒适度。一方面给消费者提供了丰富的产品体验，另一方面帮助了长安汽车进行品牌文化展示，不失为一次成功的体验式营销。

4. 社会公益

召回企业在生产经营过程中，不能只考虑盈利，也需要关爱员工、关心消费者、热心公益、服务社区以及保护环境。企业可以开展公益活动，赢得各方面利益相关者的认可，从而塑造整体的好形象。2018 年 6 月，松下电器（中国）有限公司召回部分笔记本电脑产品，引发了负面舆情。而松下集团在 7 月发布了 2018 年社会责任报告，集团秉承了“为中国社会作贡献”的承诺，扎根中国，履行市场、社会、环境等多个领域的社会责任，推动可持续发展的理念。这份报告是中国松下公司连续发布的第 6 份企业社会责任报告，也连续第四年荣获评级专家委员会五星级卓越社会责任报告的高度评价。松下集团“为提高全世界人们的生活水平和社会发展作贡献”的创业使命得到了社会各界的支持，其开展的社会责任活动也有效地帮助企业重塑形象。

二、开展企业声誉修复活动的目的

市场环境复杂多变，多方面的压力、未来的不确定性、错误预判、管理和技术的失误、产品的质量问题等都可能使企业失信于利益相关者，从而遭遇信任危机。召回企业需要采取声誉修复活动，危中寻机，恢复声誉。具体来说，企业开展的声誉修复活动有以下作用。

1. 积极传递召回企业重视质量改进的信号

现代社会的复杂性增加了企业的管理难度，重视危机管理的企业更应该明白企业声誉修复活动的重要性。产品召回即使已完成，消费者对企业产品质量的整体印象仍未改善，此时企业应针对消费者等利益相关者采取负责任的活动，比如改进技术和质量提升等。只有直面利益相关者诉求，积极采取措施，传递质量改进的信号，才会得到内外部利益相关者的一致好评，更容易从召回的负面影响中挣脱出来。信息传递的作用如图 5-5 所示。

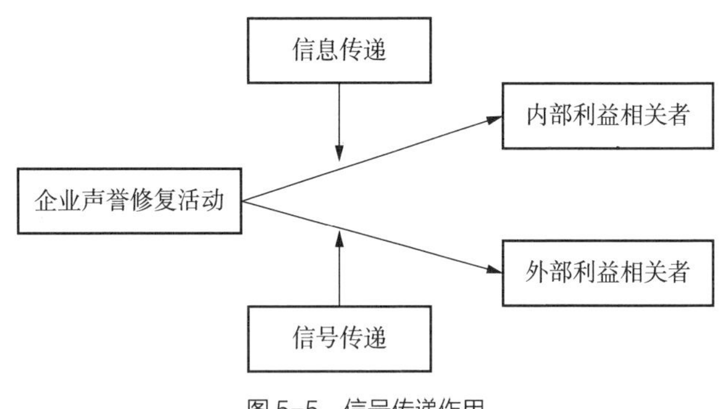

图 5-5 信号传递作用

2013 年 8 月，爱普生（中国）主动召回其在 2011 年 9 月至 2013 年 6 月间生产的 16 款喷墨打印机。这些型号的打印机电源单元在使用过程中如遇异常高压，有极小一部分的概率会受损引发打印机电源自燃，存在安全隐患。随后，爱普生（中国）十分重视消费者，在推出几款技术创新产品时，均把顾客安全放心和舒适便利放在首位。比如其批量投产的最新款 Ultimicron 面板，色彩过渡平滑流畅，极大降低消费者再透过取景器观察拍摄对象时的不适感；在任何光照下均保持足够能见度，确保消费者最佳使用感等。再比如公司发布的新款显示控制器芯片 S1D13709，性价比高、质量好、节省空间、方便顾客使用。这些产品一经投放市场，需求就一路走高。爱普生（中国）注重产品质量与服务，为顾客解决实际问题的这些做法维护了顾客权益，也传达了企业对消费者、市场乃至整个社会的尊重和负责。爱普生（中国）也因此得到了包括凤凰网、中国经济网在内多家权威网站的称赞。

企业在产品升级、技术创新的过程中，难免会出现产品缺陷问题。企业要及时发现产品可能存在的安全隐患，积极主动地承担责任。同时，也要做好后续与消费者和媒体等利益相关者的沟通工作。召回企业需要采取适当的活动，向消费者、媒体及公众传递产品质量信息，建立负责的形象。

2. 通过企业社会责任活动为媒体报道提供信息津贴

企业可能会因为技术、人为、外界刺激等多方影响而发生产品召回事件。信息不确定性往往会导致企业与利益相关者沟通不畅。因此，及时提供信息与消费者等利益相关者进行沟通，会使召回企业更容易获得理解和支持。而在产品召回完成后，企业也可以开展多种社会责任活动来进行声誉修复。媒体此时便成了企业与外界沟通的“桥梁”，企业开展的社会责任活动如果得当，被媒体引用报道，广泛传播。这些信息就可以作为有效的津贴，成为利益相关者评价企业的重要信息来源。如图 5-6 所示，企业的声誉修复活动会受到信息津贴作用的影响。

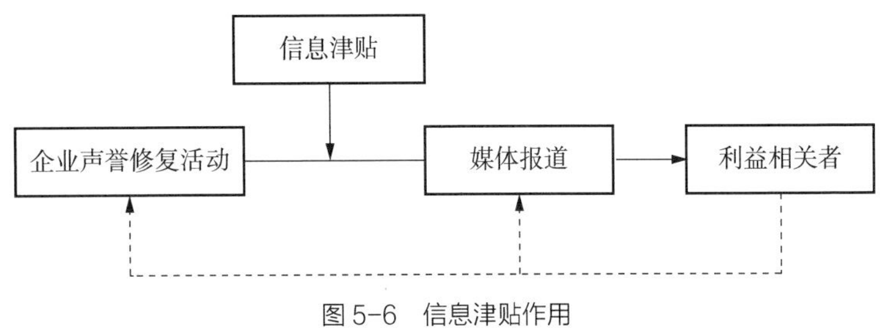

图 5-6　信息津贴作用

2017 年 5 月，安利（中国）日用品公司发现在中国销售的部分逸新空气净化器电源线存在安全隐患，可能会在极端的情况下出现过热、燃烧的危险。本着对顾客负责的谨慎态度，企业主动进行了召回。安利（中国）同时开展了多种社会责任活动，力求修复声誉。例如，在官网发布了名为“品质生活，需要一份守护”“安利产品怎样一路到你手中”“什么是安利质造？”“12 项国际权威认证给你安全消费的信心”等多篇新闻稿。向外界解释安利产品的科技含量、卓越品质和安全认证等多项优势。同时，安利（中国）也详细介绍了产品的研发设计，原料采集，生产、质检和运输的流程，强调企业秉承高标准的生产制造流程，为消费者的安全和利益负责。安利（中国）为了时刻聆听消费者心声与需求，不仅采用传统电话渠道沟通，而且开通在线服务渠道，消费者可以通过手机端直接于客服人员交流。最后，安利（中国）通过了 12 项国际权威认证并且成为“阿里大数据打假联盟”首批成员，为消费者安全消费提供了坚实的保障，给予消费者信心。这些积极承担社会责任的措施，极大地维护了安利（中国）集团的声誉。

由此可见，召回企业可以采取一系列针对消费者的社会责任活动，通过媒体的关注和报道，在消费者心中重新树立起真诚的形象，重获消费者信任。

3. 通过社会公益活动获取利益相关者的支持

召回完成后，企业还可以开展各项公益活动，与社区、公众及社会群体进行沟通，有效地缓解召回带来的社会负面影响，帮助企业重新取得美誉。2018 年 5 月，宜家（中国）投资有限公司全球同步召回 SLADDA 斯拉达自行车。此次召回的斯拉达系列自行车的原因是自行车链条存在安全隐患，可能突然断开，造成骑车人摔倒。这不是宜家的第一次召回事件，事实上，宜家本着顾客安全第一的原则，开展了多次召回活动，但是宜家在全球仍然拥有大批忠实的顾客。这与宜家“为大众创造更加美好的日常生活”的理念息息相关。

宜家不仅关怀顾客，更关心社会，一直秉承“益于人类、益于地球的战略，力求为全世界的人们创造美好生活。”在宜家的 2030 年发展目标中，提出作为全球十大食品公司之一的宜家，有责任提供健康营养的食物，不仅要提供更加可持续的家居用品、食品和服务，也鼓励并帮助人们积极地改变生活方式，追求更可持续的消费方式，同时为创造平等的社会贡献力量。宜家还将推广健康和可持续生活的全新理念，消除浪费，更好地应对气候变化的影响。并且致力于减少温室气体排放，为洁净的空气和水资源，以及提高生物多样性做出贡献。这些举措鼓励公众过上更加美好、健康、可持续的生活，也使得宜家在公众心中成为友善无害的企业。

企业的生存和发展离不开社会，在企业日常经营过程中，要做对社会大众负责任的企业，才会获取持续竞争力，并且在召回等危机事件发生后迅速恢复形象。

三、制定合理的企业声誉修复方案

企业声誉修复是一个系统性任务，需要从修复活动的类型、时机与效果等多个方面统筹考虑，制定合理的声誉修复方案。

1. 成立专门小组，制订声誉修复计划

企业声誉修复活动的顺利开展，需要专门的管理机构进行监督和协调。因此，在召回基本完成后，企业需要成立专门的声誉管理小组，进行声誉修复管理。小组成员需要识别、评估和报告召回事件的具体情况，提出初步计划。而企业高级管理人员是企业的决策者，负责制定相应的战略计划，并监督执行情况。因此，企业高级管理者需要结合企业管理战略和政策，修订小组提交计划的相关操作流程，及时反馈给小组成员。最终，确定适合企业现状的声誉修复计划，由声誉管理小组成员负责具体实施工作，高级管理者进行监督和指导。

2. 针对召回原因开展多样化的修复活动

在具体实施声誉修复计划阶段，需要考虑不同的产品召回原因，有针对性地开展修复活动。比如，由于产品本身质量问题引发的召回，声誉修复活动就需要针对质量问题做出回应和改进，表达企业诚恳的态度，取得消费者的谅解和认可。而对于因为消费者自身操作失误引发的产品召回，企业声誉修复活动更应重视与消费者的沟通，比如提供使用指导、提供上门服务、开展产品交流会、售后保障等。具体的召回事由，需要具体的应对方案，但无论哪一种召回事件，企业声誉修复活动都需要把消费者放在首位，认真对待。

3. 适时开展声誉修复活动

在声誉修复活动开展过程中，活动的时效性不容忽视。在召回完成后，企业应该迅速开展声誉修复活动，及时的活动可以帮助企业传递友好的信号，表明企业勇于承担责任的态度，缓解召回事件带来的负面影响；同时也可以帮助企业在信息缺失的情况下，传递有利的信息，弥补信息真空，及时与消费者等利益相关者群体沟通。另外，声誉修复活动一方面衔接了召回时对消费者的各项举措，继续为消费者服务；另一方面展示了企业对消费者的诚恳态度，有助于取得消费者的支持。

4. 评估声誉修复效果并进行持续改进

声誉修复活动开展后还需要进行阶段性验收，确保声誉修复活动的有效性。这就要求声誉管理小组成员实时检测声誉修复情况，并以周、月等为单位重新评估声誉修复的效果。之后，小组成员将评估结果和相应的改进措施通报给企业的高级管理者，企业高级管理者再根据上述材料进行分析判断、改进、及时修订、调整和完善相应的声誉修复策略。在不断地改进完善中，企业声誉得到了修复。

附录

十八大以来党中央关于新闻宣传及媒体舆论辑录

时间	文件 / 会议	主要内容
2013 年 8 月 19 日	全国宣传思想工作会议	在长期实践中，我们党的宣传思想工作积累了十分丰富的经验。这些经验来之不易、弥足珍贵，是做好今后工作的重要遵循，一定要认真总结、长期坚持，并在实践中不断丰富和发展。“明者因时而变，知者随事而制。”宣传思想工作创新，重点要抓好理念创新、手段创新、基层工作创新，努力以思想认识新飞跃打开工作新局面，积极探索有利于破解工作难题的新举措新办法，把创新的重心放在基层一线。要继续推进文化体制改革，推动文化事业全面繁荣和文化产业快速发展、建设社会主义文化强国。
		对世界形势发展变化，对世界上出现的新事物新情况，对各国出现的新思想新观点新知识，我们要加强宣传报道，以利于积极借鉴人类文明创造的有益成果。要精心做好对外宣传工作，创新对外宣传方式，着力打造融通中外的新概念新范畴新表述，讲好中国故事，传播好中国声音。
		坚持团结稳定鼓劲、正面宣传为主，是宣传思想工作必须遵循的重要方针。我们正在进行具有许多新的历史特点的伟大斗争，面临的挑战和困难前所未有，必须坚持巩固壮大主流思想舆论，弘扬主旋律，传播正能量，激发全社会团结奋进的强大力量。关键是要提高质量和水平，把握好时、度、效，增强吸引力和感染力，让群众爱听爱看、产生共鸣，充分发挥正面宣传鼓舞人、激励人的作用。在事关大是大非和政治原则问题上，必须增强主动性、掌握主动权、打好主动仗，帮助干部群众划清是非界限、澄清模糊认识。
2013 年 12 月 30 日	中央政治局就提高国家文化软实力研究进行第十二次集体学习	提高国家文化软实力，要努力传播当代中国价值观念。当代中国价值观念，就是中国特色社会主义价值观念，代表了中国先进文化的前进方向。我国成功走出了一条中国特色社会主义道路，实践证明我们的道路、理论体系、制度是成功的。要加强提炼和阐释，拓展对外传播平台和载体，把当代中国价值观念贯穿于国际交流和传播方方面面。

表（续）

时间	文件 / 会议	主要内容
2014 年 2 月 27 日	中央网络安全和信息化领导小组第一次会议	做好网上舆论工作是一项长期任务，要创新改进网上宣传，运用网络传播规律，弘扬主旋律，激发正能量，大力培育和践行社会主义核心价值观，把握好网上舆论引导的时、度、效，使网络空间清朗起来。
		网络信息是跨国界流动的，信息流引领技术流、资金流、人才流，信息资源日益成为重要生产要素和社会财富，信息掌握的多寡成为国家软实力和竞争力的重要标志。信息技术和产业发展程度决定着信息化发展水平，要加强核心技术自主创新和基础设施建设，提升信息采集、处理、传播、利用、安全能力，更好惠及民生。
2014 年 8 月 18 日	中央全面深化改革领导小组第四次会议	推动传统媒体和新兴媒体融合发展，要遵循新闻传播规律和新兴媒体发展规律，强化互联网思维，坚持传统媒体和新兴媒体优势互补、一体发展，坚持先进技术为支撑、内容建设为根本，推动传统媒体和新兴媒体在内容、渠道、平台、经营、管理等方面的深度融合，着力打造一批形态多样、手段先进、具有竞争力的新型主流媒体，建成几家拥有强大实力和传播力、公信力、影响力的新型媒体集团，形成立体多样、融合发展的现代传播体系。
2015 年 12 月 25 日	视察解放军报社	现在，媒体格局、舆论生态、受众对象、传播技术都在发生深刻变化，特别是互联网正在媒体领域催发一场前所未有的变革。读者在哪里，受众在哪里，宣传报道的触角就要伸向哪里，宣传思想工作的着力点和落脚点就要放在哪里。要顺应互联网发展大势，勇于创新、勇于变革，利用互联网特点和优势，推进理念、内容、手段、体制机制等全方位创新，努力实现军事媒体创新发展。要研究把握现代新闻传播规律和新兴媒体发展规律，强化互联网思维和一体化发展理念，推动各种媒介资源、生产要素有效整合，推动信息内容、技术应用、平台终端、人才队伍共享融通。要深入研究论证军队新闻媒体改革问题，努力构建适合国情军情、符合时代发展要求的现代军事传播体系。对新闻媒体来说，内容创新、形式创新、手段创新都重要，但内容创新是根本的。

表（续）

时间	文件 / 会议	主要内容
2016 年 2 月 19 日	党的新闻舆论工作座谈会	党的新闻舆论工作是党的一项重要工作，是治国理政、定国安邦的大事，要适应国内外形势发展，从党的工作全局出发把握定位，坚持党的领导，坚持正确政治方向，坚持以人民为中心的工作导向，尊重新闻传播规律，创新方法手段，切实提高党的新闻舆论传播力、引导力、影响力、公信力。
		做好党的新闻舆论工作，事关旗帜和道路，事关贯彻落实党的理论和路线方针政策，事关顺利推进党和国家各项事业，事关全党全国各族人民凝聚力和向心力，事关党和国家前途命运。必须从党的工作全局出发把握党的新闻舆论工作，做到思想上高度重视、工作上精准有力。
		随着形势发展，党的新闻舆论工作必须创新理念、内容、体裁、形式、方法、手段、业态、体制、机制，增强针对性和实效性。要适应分众化、差异化传播趋势，加快构建舆论引导新格局。要推动融合发展，主动借助新媒体传播优势。要抓住时机、把握节奏、讲究策略，从时度效着力，体现时度效要求。要加强国际传播能力建设，增强国际话语权，集中讲好中国故事，同时优化战略布局，着力打造具有较强国际影响的外宣旗舰媒体。
		媒体竞争关键是人才竞争，媒体优势核心是人才优势。要加快培养造就一支政治坚定、业务精湛、作风优良、党和人民放心的新闻舆论工作队伍。新闻舆论工作者要增强政治家办报意识，在围绕中心、服务大局中找准坐标定位，牢记社会责任，不断解决好“为了谁、依靠谁、我是谁”这个根本问题。
		加强和改善党对新闻舆论工作的领导，是新闻舆论工作顺利健康发展的根本保证。各级党委要自觉承担起政治责任和领导责任。领导干部要增强同媒体打交道的能力，善于运用媒体宣讲政策主张、了解社情民意、发现矛盾问题、引导社会情绪、动员人民群众、推动实际工作。

表（续）

时间	文件／会议	主要内容
2018年8月21日	全国宣传思想工作会议	建设具有强大凝聚力和引领力的社会主义意识形态，是全党特别是宣传思想战线必须担负起的一个战略任务。要做好做强马克思主义宣传教育工作，特别是要在学懂弄通做实新时代中国特色社会主义思想上下功夫。要把坚定“四个自信”作为建设社会主义意识形态的关键，坚持马克思主义在我国哲学社会科学领域的指导地位，建设具有中国特色、中国风格、中国气派的哲学社会科学。要把握正确舆论导向，提高新闻舆论传播力、引导力、影响力、公信力，巩固壮大主流思想舆论。要加强传播手段和话语方式创新，让党的创新理论“飞入寻常百姓家”。要扎实抓好县级融媒体中心建设，更好引导群众、服务群众。

后　记

本书为缺陷产品召回管理系列丛书中专门针对企业面对召回舆情时开展工作指导方面的书籍，在本书的编撰过程中，我们始终怀着敬畏和忐忑。因为互联网时代，信息瞬息万变，不同事件的处理方法也存在极大的差异，要解决召回舆情这样一个大的课题，本书的内容及深度是远远不够的。当然这仅仅是开始，是更多知识储备的开始，是更多实践研究的开始。

本书写作的召回数据统计来源于国家市场监督管理总局缺陷产品管理中心，舆情案例数据分析来源于各级媒体新闻报道以及网络数据，部分观点及论据得益于很多业内专家学者的研究成果。本书中出现的相关汽车和消费品生产企业的名称，均出于研究需要，不带有任何倾向性意见。

本书涉及知识面广，限于编者能力和精力，书中纰漏错误在所难免，恳请读者和同行不吝赐教，给予批评指正。书中引用方面，如有不妥之处，敬请谅解或与我们联系。